至善经营

从索尼到产综研的人生心得

〔日〕中钵良治 / 著　汪治东 / 译

RYOJI CHUBACHI

东方出版中心

图书在版编目（CIP）数据

至善经营：从索尼到产综研的人生心得/（日）中钵良治著；汪治东译. 一上海：东方出版中心，2021.6

ISBN 978-7-5473-1746-4

Ⅰ. ①至… Ⅱ. ①中… ②汪… Ⅲ. ①中钵良治－自传 Ⅳ. ①K833.135.38

中国版本图书馆CIP数据核字（2020）第268518号

上海市版权局著作权合同登记：图字09-2021-0045号

至善经营：从索尼到产综研的人生心得

著　　者　［日］中钵良治
译　　者　汪治东
责任编辑　杨　帆　赵　龙
装帧设计　钟　颖

出版发行　东方出版中心有限公司
地　　址　上海市仙霞路345号
邮政编码　200336
电　　话　021-62417400
印 刷 者　杭州日报报业集团盛元印务有限公司

开　　本　890mm×1240mm　1/32
印　　张　6.75
字　　数　106千字
版　　次　2021年6月第1版
印　　次　2021年6月第1次印刷
定　　价　38.60元

序

我离开索尼公司，进入产综研（国立研究开发法人“产业技术综合研究所”的简称）已经4年多了。一般人也许不太了解，产综研其实是由旧通商产业省工业技术研究院中的15个研究所，在2001年经整合设立的日本规模最大的公共研究机关。为了让社会可持续发展，产综研一直致力于绿色技术、生命技术、信息技术的研究开发，以及地质、计量等基础技术的研究。

这对于只做过技术研发和经营管理的我来说，尤其在刚来产综研的时候，无疑是非常困惑的。同时，接纳我的产综研的同事也感到不适。为了打破这种局面，我决定利用内网，开设理事长专栏，并且专栏的标题就是《中钵通信“意心传信”》① 这当然是我自己创造的词汇，意在希望自

① 与日语中的成语“以心传心”同音，在此一语双关。

己能坚定意志，传递信念。也许是受此影响，我不再被产综研的人当成“客人”，而是像个团队伙伴一样，渐渐被大家接受。

2016年初，我受日经商业在线的编辑邀请，开始发表论说型文章。虽说我从不排斥写作，而且在索尼工作时也会每天更新一些只对员工开放的博客文章。但是，这和面向大众的写作是很不一样的。不仅每一篇的篇幅会增长许多，而且极富挑战性。

不过真正开始这份工作后才发现，这远比想象的要有趣。同时自己也能在一年时间内，做到参考《意心传信》的内容，隔周持续连载新内容。对我来说，每一次对自身思路的整理，都是回顾人生和工作阅历的最佳机会。如今我应邀将这些文章整理成书，并借此机会重读了过去写的文章。虽说当时觉得自己写得不错，但现在看来，确实仍有许多思虑不周或认知尚浅的地方。借这次成书的机会，自己要好好反思，尽最大可能加以修改。

这本书本取自产综研理事长专栏的内容，按理说应该是产综研全体员工的合著。出版自己的书籍，对我来说是人生中从未经历过的事情，就像长大的孩童终将离开父母那般，实在令人感慨万千。如果这本根据我的人生经历写成的书，能够为读者带来人生道路上的启迪，将是我最大的荣幸。

中钵良治

目 录

第三章　为组织带来“动荡的因素”

第四章　你做好下决断的思想准备了吗？

第五章　中央与地方，世界与日本

第一章

知天命，尽人事

一、知天命，而后尽人事

现如今，虽说世道改变，但日本商务人士中仍有许多“执迷不悟的企业战士”。这其中有不少人对自己的未来毫无规划，认为只要拼命工作就可以预见未来。但这究竟行不行得通呢？是不是因为自己从来就没有认真地规划过未来，所以才不得不像一个企业战士那样，一心扑在工作上？我曾经也是这样，认为“尽人事，听天命”就可以了。当然也有人是心存担忧，所以对工作心无二用。然而，今时不同往日。有时突然患一场接近死亡的大病，才是知“天命”的绝佳时机。

那是在我刚过完50岁生日的时候。当时，我在某事业部担任部长。事业部需要兼顾获利和保障品质的问题，但就在我们兼顾两者同时想着让客户再购买一批产品的时候，“意外”发生了。

我在那几天高热不退，吃了公司诊所开的感冒药后又继续像往常一样出差办事。可是，病情没有好转，我不得不向公司请了两天左右的假，此前并没有因身体不适而向公司请假的情况。就在请假的第二天傍晚，我正要推门进卫生间时，突然意识里一片模糊。就这样，我昏迷了 30 多个小时。

以下都是在我清醒后，妻子告诉我的内容。那天在我倒下后，妻子感觉到了异常，立马打 119 电话求救，希望把我送去最近的医院。火速赶到的急救医生见情况不妙，不得不把我送到稍远一些的大学医院。就这样我被抬进了重症加强护理病房（ICU）。观察了一段时间后，妻子从主治医师那儿得知，我的情况十分危险，不出意外，应该是罹患了脑膜炎。不仅如此，医生还告知妻子，这种病致死率高达 30%，倒下后的那一两天十分关键，如果有其他亲属请务必迅速叫来看望，以防不测。妻子听说致死率只达 30%，认为 70% 的可能性是没有危险的，于是稍微放下了警惕，决定一切等第二天再说，并按照“探望时间至晚 8 点前”的规矩，把正徘徊在“鬼门关”外的我独自一人留在病房，自己回家了。

第二天清晨，医生推开病房门后，发现我无一人陪护，于是向之后赶来的妻子不仅重申重病家属不按医嘱随时陪护时 30% 死亡率的严重性，而且郑重说道：“您丈夫目前是死是活都不意外。最关键的是病人一定要恢复意识。请务必告知有血缘关系的其他亲属（难道说告知妻子是无效的？）。”妻子这才急忙把我的女儿们叫来看护。等我意识到自己躺在陌生的病房里，并且周围都是家人急不可耐的神色时，已经是紧急住院后的第二天夜里。

当我恢复意识后，医生立马向我抛来各种问题，比如“你叫什么名字”“你的出生年月日”以及“这是哪儿”“今天是几月几日”之类。据妻子后来的描述，我当时对答如流，显得异常“镇定”。然而回答的日期整整漏掉了一天。因为自我倒在卫生间门前，到我从病房里醒来，整整度过了没有意识的30个小时，可以说我已经半只脚踏进了“地狱”的大门。

我在恢复意识的那天晚上，做了一个奇怪的梦。我梦见自己站在田径场的第四个角落。眼看着有一群人从第三个角落反过头向我这边冲来。这群人要么梳着日本的旧式发髻，要么身背着撬，手舞足蹈，不胜欢喜。我虽听不清他们的声音，但我大致知道他们哼的是传统民乐。当他们快经过我这儿的时候，便挥手示意我加入他们的队伍。但想加入他们，我必须穿越设置在眼前的篱笆障碍。当我正在思考如何才能翻过去的时候，他们又径直走向发直线球的地方，最终离开了我的视线。

在半梦半醒之间，我意识到这难道就是黄泉路旁花田里所谓的“打招呼”吗？我试图冷静而科学地证明这到底是梦境还是现实，下意识地确认了下时间，发现时针指向了凌晨两点钟。这是我肉眼确认的结果，所以我坚信这并不只是一个梦。

换个话题，我前几日碰巧看了NHK（日本放送协会）的一个叫作《摩根·弗里曼——穿越时空》的节目。标题是

《到底有没有死后的世界》。哈佛大学的脑神经外科医生用他数年前因细菌性脑膜炎导致7天时间失去意识的经验说明，这是让人最接近死亡的病症之一。他的解释是，这是因为人脑的供能物质葡萄糖被细菌侵蚀，掌管思维意识的大脑皮层完全麻痹，呈现了脑死亡的迹象。

在这种状态下，他眼前呈现的是“蚯蚓眼中的世界”，具体说，就是视线一片模糊，意识处于棕色与红色之间的昏暗世界。许多科学家认为，当神经细胞中氧气不足时，人的大脑会因强大的压力出现幻觉。然而凭我的经验，虽然看到的很难说成是“蚯蚓眼中的世界”，但相同的是，我们都看到了昏暗的无声世界。

二、卧床期间思考我的“经历”与“未来”

紧急住院后过了有些日子，我从ICU转移到了二人病房。和我同室的另一位病人也得了同样的病症。据说他是两三周前发的病，现在肢体还能感觉到有些麻木，说话也会断断续续，然而日常生活完全能自理。我也是一样，虽说因为脑部患了炎症，时常脑压剧增，有股头脑下一秒要炸裂的疼痛，但除此之外，生活没有异常，一直能安心躺在床上静养。

当我不再被偶尔的疼痛折磨时，我便开始思考自己曾经做了些什么，以及接下来的人生要做什么。在这个年纪经历濒死疾病，完全超乎想象。这不得不使我将对未来的展望彻底地从过去的经历中分离出来。每天，我总会在床上冥想之际，深刻意识到以往自己只一味追求他人的认可（“趋炎附势”），现在都已经是迫不得已地经历过生死的洗礼了，那我应该如何看待自己的人生？真实的自己应该是怎样的呢？是不是之前目光短浅到只会一味地埋头工作？像企业战士一般战斗在工作岗位，莫非只是为了逃避现实，不敢面对将来？这些疑问总是萦绕在我的脑海。

即使是住院期间，我作为事业部部长，工作都没有停下来，所以从我的下属那儿托人传来的文件络绎不绝。但我不论是从体力上还是从精神上考虑，都无法鼓起勇气再次回到公司工作，所以只能让他们送来文件。白天，我就看着一些书籍。这些都是我托家人帮我买的，都是关于“人生”或“生死”的。就这样按每天一本的速度看，看完的书渐渐堆成了一叠。护士看见书堆里好几本都是在说“生死”，于是宽慰我说：“您还很年轻呀！”这实在让我过意不去。

我因为对体力没有信心，接下来的工作计划也受了很大的影响。我甚至都不打算再回公司上班。在这种情况下，我得出的结论是，“接下来”的工作无关名声、地位和回报，我只是“为世界、为他人奉献”即可。

我首先想到的，就是做大学老师，虽然这样说可能对大学老师有些失礼。虽然这不是个容易的工作，我也知道从事研究工作有多艰难，但是我依然坚信自己能够以以往的知识和经验为基础，将自然科学理论融会贯通，通过和学生互动，将自己的见识传递出去，这样既能培养新时代的接班人才，也不是一个畏畏缩缩的决定。也正是产生了做老师这个想法，我才得以茅塞顿开，恨不能从床上一跃而起。我想我正是从“为世界、为他人奉献”的信念中看到了接下来的希望。这也就是所谓的知“天命”吧!

三、自己内心的变化

我出院的那天，是 11 月末的一个阴雨天，从我被抬到医院到现在已整整过去一个月。之前树木翠绿的街道已被秋色染红。从医院回家的途中，我看到了之前从未欣赏过的清晰、透明的景色。我不禁悔恨自己从没有在意周遭如此优美的风景。与之相比，周围交错的人群显得过于匆忙。看着他们步履匆匆的样子，我不由得对“接下来”的工作充满疑惑。

出院后我待在家静养了数日，便回到了工作岗位。然而我却时常在上班途中的地铁站上下楼梯时倍感吃力，挤满乘客的地铁也让我无所适从，体力的下降比想象的还要明显。虽然我在公司依旧表现得精力十足，但内心却时常在打退堂鼓，度日如年。

然而，就在我畏缩不前的时候，我的家人、公司以及周围的人给了我莫大的帮助，又经过一段时间，我的体力也因此逐步恢复，连我一直担心的后遗症也没有出现。体力的恢复让我对持续工作信心倍增。于是，也就不再有做大学老师的想法了。

即便如此，我的内心却发生了明显的变化，正如我躺在病床上苦思冥想的那样，即使我重回职场，我也无法像过去那样做一个“企业战士”了。通过与死神的较量，我意识到了自己内心的改变。比如说，“尽人事，知天命”是我曾经的人生信条，但现在的我却觉得应该“知天命，而后尽人事”。这让我的人生不再畏首畏尾。

四五十岁是很容易沉溺于工作的年龄段，挑大梁，承重担，做着至关重要的工作，对健康也没有丝毫担心。我不幸患病，虽说也是处在这个时间段，但万幸的是，我还是从死神的手里拼命活了过来，自此开启了全新的人生。当然，最好是不要经历这种冒着生死风险的大病。但是，即使不幸染病，我想也必有其意义。正如我通过患病得知自己的天命一样。我想，这本书的读者应该多半是四五十岁的人。我衷心地希望你们能够在权衡家庭与事业的同时，把健康放在第一位。

第二章

追求「是什么」

一、追求“是什么”

人们总是在叫喊：“要从生产产品转型到创新理念。”目前，“物理性”地生产家电或者汽车的时代已经过去，取而代之的是追求高品质的用户体验以及对理念的阐释。然而，这不等于说在未来社会中产品将一文不值。这其中有的产品会面临淘汰，但也有部分产品会体现它的必要性。产品总因客户的需求而存在，所以我们需要知道未来社会必要的产品“是什么”，而关键就在于与可持续发展相关联的新型产业。为此，我们需要突破资本主义经济模式中的壁垒。

私营企业总认为，开发和生产产品的前期工作是研发，而生产产品只是一连串的流程而已，最终为了不让辛苦白费，将流程实现成产品。然而，这种想法或许对提高产品的生产效率有所帮助，但是，对于改革创新来说，却留有诸多问题。

另一方面，大学等公共研究机构，一般是咬文嚼字做研究的地方，因此很少有关于产品研发的深入理念的探讨。作为科研人员最主要的，就是撰写研究论文并发表。所以，我觉得让做学术的人参与研发是需要谨慎考虑的事。

1. 做研究的定位转移

然而，时至今日，人们不断向公共研究机构索取对社会有用的科研成果。像我这样一直在私营企业从事研发的人，也在公共科研机构从事研究工作。这多少能反映出当下人们对工作的诉求。与这种要求科研机构的作用不断改变的趋势一致的是，“创新理念”的定义也在发生着变化。虽然说人们依旧认为生产产品是创造诸多价值的重要活动之一，但是这个时代已然不断将重心从对产品物理性价值的追求转向对理念的追求。

原本“三大神器”指的是至高无上的天皇的象征物，而伴随着二战后日本经济的复兴，人们的诉求变成对电视、洗衣机和电冰箱的需求，它们成为电器中的“三大神器”。那个时代的人经常和周围的人竞相购买这些电器设备。等到这些电器都普及之后，人们又开始追求“彩电（Color Television）、空调（Air Conditioner）、汽车（Car）”，俗称“3C”或者“新三大神器”。

从“三大神器”到“3C”的转变，可以一窥日本经济高速成长期的全过程，与日本国民所得的提高、购买欲的膨胀息息相关，表明它是一个物质生活逐步改善的年代。与之相对，如今新兴的国家也和当年日本的发展大同小异。

以生产产品作为经济成长的源泉为消费者带来了便利的物质享受的时代，和生活必需品早已普及、渐渐脱离物质生产的时代相比，人们对于“产品”的定义各不相同。消费者的需求，在生产产品的时代是一清二楚的，所以当时的生产商只需要了解“怎么做（Know How）”，而不需要关心应该“做什么”（Know What）。也就是说，当年的竞争重点，是如何按期为消费者提供物美价廉的产品。

这种追求技术的竞争手段，成就了诸如自下而上的质量控制圈及其改善活动、对人对事的精准作风、丰田生产方式，以及现场和经营一体化的日式生产路线。这也为“Made in Japan（日本制造）”驰名世界，在中国制造业兴起前使日本成为“世界工厂”立下了汗马功劳。然而，另一方面，就在日本竞相追逐技术改良的时候，世界格局却逐渐发展成需要知道“做什么”的时代。

随之而来的还有理念的创新。纵然意识到产品的价值相比之前逐步处于劣势，但现状是世界不会完全否定产品存在的价值。只是在产品日渐泛滥的当下，对产品的追逐可能终有一日会退出历史舞台。因此，我们需要用中长期的眼光去判断哪些产品是有用的，而哪些是没用的。在此基础之上，还需要了解，未来的社会需要的是什么（What）。新兴的产品带来的是对新技术（Know How）的追求。所以我们在当下，相比于工艺改革（Know How），产品革新（Know What）更加重要。

与此同时，在信息化不断向产品生产渗透的当下，物联网（IoT，Internet of Things）建议在加速企业的发展，成为国家级别的大工程。德国就以弗劳恩霍夫研究机构为中心，打出了“产业 4.0”（德语是“industrie 4.0”）的概念，赢得了广泛关注。这不仅将信息技术运用于制造流程，并且将世界级眼光作为衡量标准，和美国较量的雄心一目了然。

另一方面，美国坐拥多所世界顶级的 IT 企业，在 IT 基础设施领域也占据上风。值得关注的是，美国最近以此为支点，不断呈现“回归生产产品”的新动向。不断回春，却急需劳动力的制造业，不仅关系美国国内雇佣关系的扩大，对其他各国的经济成长来说，也是至关重要的。

2. 推动物联网发展的制造业时代

那么，日本的情形又是如何呢？现在，虽说相关部门正在推进物联网的发展，但物联网主要依赖技术层面的支撑，所以单凭相关部门自上而下的管理模式，很难推动其快速发展。日本为了能和欧美国家相抗衡，不只是相关部门，还需要产学官（分别指生产企业、大学等科研机构、政府等公立机构）的联手推进。说得极端一点，物联网的技术一旦失去了这些扶持，将形同虚设。不过值得庆幸的是，日本有了足够的重视，并推动了产学官的快速联系。

物联网毫无疑问可以提高制造业的效率，并加快生产。不能忽视的是，日本在这一领域仍处于劣势，这与产业立国说法极其矛盾。不过，日本在过去生产制造业的时代积累的处理现场问题的能力仍然健在。这是其他国家无法企及的一笔财富。无论是设计，还是制造工艺中的数据，与厚积薄发的知识相融合，便能提高产品品质和效率。为了使日本能再次处在制造业的优势地位，使现场数据与卓绝的知识两者相融，便是制胜的法宝。

另一方面，物联网的飞速发展并不是不能为寻找“是什么”提供直接帮助。在日本，大学做的是基础研究，公共研究机构做的是应用研究，企业做的是产品的研发生产，长期三足鼎立，各司其职。因此，产学官中很少有人才信息的交流，企业也很少向大学或科研机构提供资金。总之，主打“自给自足”观念的企业，并不适合当下这个全球化竞争的时代。

不难理解的是，“自给自足”的思想，在重视“怎么做”的时代不仅效率高，而且能使企业独善其身。然而，这种做法在需要创新理念的时代，却很难处理“是什么”的难题。大学以及其他公共研究机构，从事的不只是基础、应用研究，而且还有很多是从企业来看难以投入生产的非竞争领域的研究。这种研究在物联网实时推动下，将更大程度地促进产学官之间信息的互通。如今，创新理念重视物联网的举动，为促进产学官的互通有无带来了绝佳的时机。

3. 未来，我们能创造什么？

不论是生产制造，还是创新理念，都不能忽视环境保护的问题。接下来我们都必将面临在“开采”“制作”“使用”过程中加入“再生”概念，适应全新产业链与可持续发展相结合的挑战。目前企业衡量业绩或者利益时使用的 KPI（Key Performance Indicator，关键绩效指标）将不再适用。这要求我们在今后寻找“做什么”的时候，无论是生产还是创新，都需要将资源循环利用、低碳环保、与自然共生放在首位，而把企业利益放在其次。这种理念本身完全突破了资本主义的已设框架。

思考接下来“做什么”，就是在考虑如何打造全新的产业链，这对于某一个企业或者整个产业链都至关重要，但不能只依靠某一个企业或产业自身的改变来解决这些问题。这是产学官共同的目标，也是可以上升到国策的重要课题。

如今的成果中，会有哪些成为未来需要继承的东西？未来又需要我们创造出什么？这两者之间的互利关系应当如何维持，是需要研究者与企业共同面对的问题。就算物联网或者人工智能技术再发达，那也不过是寻找“做什么”的辅助手段而已。面对未来社会，我们必须掌握什么，这是需要我们不断研究的。这不仅关系未来的3C将何去何从，而且也将会给既有价值观一次洗礼。

图1　产综研为医疗品原料生产而开发的完全密闭型植物工厂

二、“三方叫好”缺一不可

日本自江户时代开始，就将“三方叫好”的精神流传开来。这也是近江商人①为了标榜自己的信用大肆宣扬的一种

① 近江商人，日本近江八幡、日野町、五个庄町三个地方外出经商之人的统称。

手段。所谓“三方”就是指“卖家叫好”“买家叫好”“大众叫好”。这也体现了买卖双方最终都需要回馈社会的商人哲学。明治时代之后，这种哲学被广泛推行在各种经济、社会两面兼具的日本企业中。然而直到近年，有些企业却只顾买卖两方利益，将大众利益抛之脑后。

比如说，你做了营业担当，如果谈成一笔订单，将增加你的业绩；而如果将订单拱手相让，也许对公司有利，然而你却失去了这笔业绩，你会怎么做?

我想绝大多数的人会在口头上表示，自己会为了公司利益，舍小我保大我，然而现实并非如此简单。“小我”和“大我”之间的矛盾，是企业中老大难的问题。

遇到这种情况，我也一直告诫自己的员工，要懂得为公司的利益拼尽全力，放弃对自己业绩的追求。公司作为一个组织，必须看中“大我”的利益，如果被“小我”一叶障目，企业将面临破产。

不过，真正乐意这么做的，也许只有以老板为主的经营团队，对于看重个人实战业绩的职员来说，这简直是天方夜谭。因为如果达不成既定营业额，自己将遭受许多负面评价。也就是说，“为大我，舍小我”的想法一旦失去了评判的标准，将难以执行下去。并且，假使全部员工都以老板的眼光看待问题，公司的业绩就一定能提高吗？我也表示疑问。就算大家真的能把握老板的想法，也很难体会老板的真实处境。

与此同时，公司内如果兴起保住“大我”的意识，其他竞争公司也会趁机超过自己的业绩。至少我认识的能够独当一面的销售总监，都如猎犬一般具备敏锐的市场观察力，绝对属于重视“小我”利益的人。“大我”意识的泛滥，将无法激发企业的爆发力。

组织中的高层管理者在实际管理工作中常有兼顾“小我”与“大我”利益矛盾的例子。那就是在熟知各部门和个人之间利益冲突的局面下，先为“小我”利益相互“厮杀”，再捆成一股绳并肩为“大我”作战。在一定范围内重视“小我”的需要，既能给组织补充源源不断的动力，也能施展个人的才华。

因此，组织中的管理层不论规模大小，都需要一边维护公司“大我”的利益，一边审视员工维护“小我”利益的能力。只有当管理层深得信任，员工才能更安心地为组织目标奋斗。

此外，管理层若不能对保“大我”的行为给出肯定，员工可能会只顾自己的利益，对公司不管不问，公司便不能提高效率，获得利润。如棒球赛中教练希望队员能在短打中不断跑动，然而实际却没有给出相应的鼓励，那么无论是谁都不愿为此跑动，而会选择更加突出自我的本垒或者击球动作。在这种指导思想下，团队是无法取胜的。

1. 公司的“大我”利益和社会的“大我”利益

即使企业中已具备评价个人能力的机制，但倘若说以此就能获得公司“大我”的利益，还为时尚早。之前就有媒体发出以《网购公司具有节能环保的义务》为题的报道。日本经济产业省也曾指出，需要在法律上给网购、家电卖场，甚至送货上门服务，赋予环保的义务。如果说现有的法律只是对运输行业加以限制的话，那么，修改后的法律将对更多的对象，比如生产制造商、家电等经营行业加以管理。这项举措的实施将深入贯彻《巴黎协定》中关于抑制气温变动的规定。

网上购物与送货上门服务一同与时俱进，给人带来了难以想象的便利。比如自己住在东京都内，早晨下单购买的商品一般当天就会收到。与此同时，即使送货时间内自己不在家，也只需联系一下服务人员就能再次送货上门。这不仅给快递公司带来利润，也为消费者带来方便。

可是，国家的快递运输量将随着消费者网上购物量的增多而变得愈发频繁。我想很多人都会担心在运输途中使用的燃料以及排放的尾气等会给环境带来负担。也就是说，虽然某一组织维持了良好的“大我”利益，然而对于社会全体人员是否有所损害仍然值得商榷。

2.“大众叫好”是否被实践了？

明治时代之后，“三方叫好”这种哲学被广泛推行在各种经济、社会两面兼具的日本企业中。索尼产业的缔造者——松下幸之助认为，“企业就是公家的”。一个企业必须本着为社会服务的精神，才能得到社会的嘉奖和回报。

然而近些年来，伴随着经济全球化以及企业间竞争的白热化、经济大环境的日益恶化，企业越发看重买卖双方的利益，而对社会大众的利益视而不见。大部分企业考虑的是将利润的一小部分回馈社会，而大多数企业根本不认为贡献社会是企业运营的成本之一。

如今，企业对于顾客至上、股东利益至上的追捧简直前所未有，然而这并不能说明企业看重“大众（社会）的叫好”。

产生这种思想偏差的原因可能在于企业将竞争所得的利润视作对社会做出贡献的回报，而将自身的社会属性完全交给政府以及其他公共机关去评判。这也使得人们再次意识到大学或者其他公共研究机构是公共的财产。

经历了动荡的20年，许多日本企业为了能在全球竞争的环境下乘胜追击，加快了追求利润的脚步，不断从事新事业的开发。导致的结果是，企业掌控者只一味声张经济利益，并以此推动技术的改革。许多企业依然没有意识到，将来对社会有利的技术将会是“能够变成企业当下利润的技术”。在这里我想重申一遍，认为企业对社会做出贡献的只是既有利益中捐献出去的部分，而根本不是必要成本的想法仍然根深蒂固。

企业经营者如何看待“对社会有利＝社会作用”，与企业经营应何去何从，将成为实打实的重要经济课题。

3. 野中先生的教诲——“共通之善”

为了研究此项课题，我个人主张将经济学家宇泽弘文先生提出的“社会共通资本”的定义作为一个切入点。

宇泽先生将社会共通资本当成“对社会全体共通的财产”，分为以下三种类型：

（1）自然环境：山、森林、河流、海洋以及土壤、大气等。

（2）社会基础设施：道路、桥梁、铁路、电力、燃气等。

（3）制度资本：教育、医疗、金融、司法、文化。

我觉得，“对社会有利＝社会作用”的定义就是为了将社会共通资本在质与量两方面不断优化和累积。在上一节我们分析了制造业中“做什么”的重要性。“做什么”的关键是，需要不断地为社会共通资本服务。与此同时，本章指出的“小我”和“大我”也指出，如果“小我”能为社会共通资本带来价值，那么，这种行为也能为企业的“大我”赢得社会的价值。

前段时间我刚见到了久未谋面的经济学家野中郁次郎先生，我也借机询问了“小我”与“大我”的问题。先生的回答是，领导者必须在“共通之善”的基础上，瞄准“善意的目标”。如果这种价值观能在组织内推广，那么“小我”与“大我”的矛盾将迎刃而解，同时也能迎合社会。我虽才疏学浅，但不由得将宇泽先生的“社会共通资本”的观点与野中先生的“共通之善”嫁接起来。

到 20 世纪 70 年代为止，日本遇到过高速经济成长期带来的公害问题：过度重视经济的发展，导致自然环境，也就是社会共通资本的破坏，使社会大众陷入困境。我能明显感觉到，在解决“小我”和“大我”的问题中，总存在着时间差。虽说日本在公害问题中总结了诸多经验，但是直到 2000 年左右，只要问题不突出，有恃无恐的态度便依然在蔓延。

正如野中先生所说，领导者必须在“共通之善”的基础上，瞄准“善意的目标”。就此我们需要意识到，并非先“小我”后“大我”，而是“大我”中包含着“小我”。“三方叫好”也不是先有买卖方叫好，再有“大众叫好”，而是本着“大众叫好”的前提，去追求买卖方的叫好声。

图 2　近江八幡的风景

三、现在正是变“废”为“宝”的黄金时机

产业革命带来的大量生产和消费，对于企业，乃至国家、地区的成长来说，都功不可没。而支撑起大量生产与消费的基础，便是不可或缺的大量资源的“开采”。通过消耗大量资源“制造”产品的企业，以及“使用”这些产品的产业层出不穷，在带来丰厚经济利益的同时，也存在着产能的大量“消耗”。依靠大量生产、大量消费，然后造成大量能源消耗的恶性循环

终究不是长久之计。产业革命带来的从“获取”到“消耗”的产业链，如今必须面临可持续的产业改造。

18 世纪后半叶开始的产业革命，使得各企业间竞相开采煤炭、石油、铁矿石等地下资源，以此提供动力或电力，生产出汽车、飞机等等。与此同时，生产和物质管理上也掀起了革新的浪潮，使得新产品接二连三地问世。开采煤炭等地下资源的产业、利用这些资源“制造”产品的产业以及“使用”这些产品的产业也随之而来。经济腾飞，一触即发。

可讽刺的是，这些产业都在不断地“消耗”大量的产能。这些产生负面效益的产业对于发达国家来说必然不合适，可更糟糕的是，许多发展中国家却以此作为重要的成长战略之一。

我在 20 世纪 60 到 70 年代，一直待在大学里学习资源工学。就在那段时间，日本的开采业日渐衰退。同时，伴随着技术革新以及经济的高度增长，公害问题凸显，并成为巨大的社会问题。日本的四大公害问题也出现在这段时间。很难说当时激烈的学生运动与这些社会现实毫无关联。

对此，我所学的专业，原来被统称为矿山工学，不知是不是预测到了矿山开采行业的发展颓势，学科名后来被改成资源工学。在资源不足的时代，人们通过改变研究的课题试图寻找新的研究方法。我选择的研究室是对开采的矿石通过“浮游选矿”的方法逐步分离其中的各种矿物质，另一方面，废水处理，以及人工矿物的材料开发也正如火如荼地进行着。我在当时选择了进大学院继续研究基于制陶技术的电子材料开发。在此之后，我的专业又随着时代的发展，分别更名为地球工学和环境科学。

20世纪70年代前期，罗马俱乐部的《成长的界限》轰动一时。这本书提出，资源枯竭与激增的人口日渐成为全世界的问题。而就在此时，许多学资源工学的毕业生纷纷选择土木、建筑、化工等企业，从事与采矿业几乎没有关联的工作。而我则是凭借老师的推荐进入了制造电子元件的索尼公司。记得刚进公司时，有次面试被面试官问及自己希望从事的工作，我回答道："防治公害的相关工作。"面试官对此非常不屑地说："我们公司哪里有公害问题！"

此后资源枯竭的环境问题日渐明显，联合国为此成立布伦特兰委员会，并在1987年提出可持续发展的提议。具体地说，就是："在不损害子孙后代利益的前提下，为满足现代人的诉求，需有节制地开发。"其实，这个委员会是在当时日本的提议下成立的，时至今日，可持续发展已经成了全球瞩目的问题。因此，可以说日本在当时，作为发达国家，为后来者上了精彩的一课。无论是罗马俱乐部，还是布伦特兰委员会都提出对未来的考量需要全球一同出力。如果拿经营的观点来分析的话，我们不能目光短浅地只看到表达经济活动收支总数的P/L

（损益计算表），而需要将表达经济活动总量的 B/S（借贷对照表）放在重中之重的位置。

我们常说："善待地球。"然而不论是地球气候变暖日益严峻，还是公害问题有增无减，或者饥荒爆发，战乱不断，其实地球本身损害并不大。所以，该被善待的是我们人类自身。与其说"善待地球"，不如说是"善待人类自身"。并且，是不分所在国家发达与否，也不分生活的年代，所有人都应当被平等对待。

1. 变"废"为"宝"

产业革命后的大量生产是促进消费的必然手段。其实过去发生的一战、二战、中东战争，还有其他许多国际冲突，都与石油等地下资源的争夺有关。但是，时过境迁，这些纷争过后，真正作为人类资产的那部分又留下来多少呢？

我想这是很难回答的问题，不过可以肯定的是，大量挖掘、大量生产、大量消费的过程绝对不能持久下去。我们在产业革命后兴起的先"开采"再"消耗"的产业链，将不得不面对可持续的改造问题。换句话说，就是我们亟待变"废"为"宝"。

这种产业链的再次建构，将关联到整个社会的资源循环的实现。我们肩负着"善待人类自身"的使命，并需要达到与自然和谐共处的最终目标。毫不夸张地说，接下来我们开发课题的成果必将围绕社会的资源循环再利用与低碳环保社会的实现逐步展开。如今，不断有新技术被引用至环境控制领域。我们为了活着，不断和环境，和周围人斗争，想来也真是荒谬。

社会的资源循环再利用与低碳环保社会的实现，可达到人与自然和谐共处的目标，需要我们自身意识到："自然才是人们赖以生存的资源。"我想有些读者可能无法接受这种理想主义，但我却觉得不能如此草率地下定义。想必大家一定听说过"热力学第二定律"吧：假设有一个封闭的体系，熵的值会随着时间变化而不断增大。大家可以把"熵"理解成描述混乱程度的名词。也就是说没有资源进出的封闭体系，如果放手不管，将逐渐陷入混乱无秩序的状态。

反观地球，也是如此。因为地球的物质只存在于地球上，而地球又是一个看似封闭的体系。也就是说作为封闭体系的地球将会越来越无序，导致生命随着时间的推移最终无法生存。然而，幸运的是，地球不断接受太阳的光照，所以这是接受太阳的开放体系，而并非封闭体系。我们也可以把太阳光看成是取之不尽、用之不竭的资源。因此，水和二氧化碳虽然看似存在于封闭体系内，但是植物可以进行光合作用，并以此为人类提供生存必要的食料："糖"以及"氧气"。

另一方面，我们人类通过摄取糖分获得能量，吸收氧气释放二氧化碳。我们所处的生态体系正因为有太阳这个可再生的资源，才使得我们能够至今繁衍了数百万年。

产业革命将人力、物力等原始动力改变为煤炭、石油等火力资源。历经百年，如今太阳能、风力、地热等再生资源层出不穷。比如太阳能发电，顾名思义，就是将太阳光转化为电能。

日本从距今 1.5 万年前的绳文时代起，就度过了将近一万年可持续发展的时间。直到农耕文明兴起，人们依靠自然的恩惠，通过勤劳播种繁衍子嗣。这当然不是说，只有回到绳文时代才可以解决当下的问题。可是我们如今依然不能忽视太阳能的作用。石化燃料的普遍使用，虽然在人类历史上红极一时，但最终会落向何处，也很难言说。

第 21 届联合国气候变化大会（COP21）对地球气候变暖的议题召集了世界各国商议，并达成了共同目标。基于这次大会，各国必须独自制作相应的工程计划书。这也表明，是时候显示各国参与的“诚意度”了。

2. 投入环保的费用乃公司必要经费

迄今为止，有关环境问题的争论不断出现，矛盾集中在轻视环保和环保主义两者之间。而正如 COP21 达成的共识，全球必须为重视环境问题、共同改变现状迎来“转折点”。在这一点上，虽说美国政权的更迭为《巴黎协定》带来了困难，但这丝毫不能影响全球统一面对环保问题的决心。

企业内应对环境问题的方法各有不同。虽然仍有部分企业强烈地认为利益是企业生存的唯一条件，但我仍然觉得生产与“可持续”相结合，实现社会的可持续发展是最重要的。面对未来，我们容易鼠目寸光，不论是企业还是消费者。正如“双曲贴现”所说，人类如果对不合理的手段不加制止，只会让企业和地球超负荷运转，等到欠下的债慢慢累积，地球的 B/S 将

图 3　产综研福岛可持续发展能源研究所

会陷入崩盘的局面。

决定企业行动的，不只是作为供给方的企业，还有购买商品或服务的消费者。处理环境问题的投资，是长远的投资。针对这一点，不仅是供给方，消费者也必须理解，两方无法回避环境污染的问题。太阳光将源源不断地洒向大地，所以问题的解决为时不晚。肩挑未来使命的我们，必须珍惜机会，好好应对，只有解决了环境问题，才能为全人类谋福祉。

四、常备长远的眼光

产综研针对优化国策、稳固产业基础，负担多个研究领域，最具代表性的便是“地质”与“计量”的研究。所谓“地质”研究，就是通过对过去堆积物与地壳变化信息的分析，预测未来的变化，保护人们生活的正常稳定，并将人们引向更充实的未来。“计量”研究则渐渐使日本的科学与产业活跃在国际舞台上。以上都是长线研究。虽然这对关注眼前利益的私营企业而言很难理解，但针对产业发展，支撑社会运转，却是功不可没的。

产综研，正如其名，是研究产业技术的科研单位。它与大学相比更接近实际生产，而相比企业更贴近基础和运用。

在产综研内，存在一些与众不同的研究领域，比如地质调查综合中心以及计量标准综合中心。地质调查综合中心是原本成立于1882年的地质调查所，计量标准综合中心是成立于1903年的中央度量衡器检定所，作为公共研究机构历经百年的发展。对于读者来说，可能大多数不太清楚它到底做的是什么样的研究，其实，我也是来了产综研之后才了解它具体是做什么的。

1. 为人类谋福祉的地质学

在古代，人们通过自身的经验增长对自然环境的了解，进而学习到什么才是适合生存的土地或地形。也就是说，地质研究的基础之一，就是最基础的，人类赖以生存的“大地母亲”。

地质学原本成立于19世纪初的欧洲。最开始，是为了研究过去的地质现象以及探求地球历史，运用有效的手法探查地下的资源。这也刚好吻合18世纪兴起的产业革命中以新兴国为首的，对于资源大量“开采”的发展诉求。

而日本在19世纪后半叶，也就是从幕府时代向明治初期过渡的时期，开始逐步意识到地下资源的重要性，虽然当时探查的技术无法与欧洲抗衡。于是日本召集了多位欧美的地质学家和采矿学家，为地质图的绘制提供人力。这也是日本地质学的发端。

地质学本身是通过过去的堆积物以及地壳变化研究地球历

史的学科。正如前面所述，这个学科能辅助地球资源的开发。然而，今天的地质学，重心早已转向掌握过去并开创安定、共生、富裕的未来。从 2004 至 2010 年，地质调查综合中心的研究团队曾对日本东北地区太平洋沿岸那些不被世人关注的海啸堆积物做过调查研究，并发现当地每隔 500 至 800 年就会有海啸的袭击，首次指出袭击的范围远远超乎人们的想象。同时，报告指出日本东北地区可能会发生伴随超大海啸的强烈地震。

日本曾计划在 2011 年春季发表这项研究报告，但是就在即将发表之际，“3・11”日本地震却突然爆发了。这对于知晓过去引领未来的研究者来说，无疑是一生的遗憾。

此后，以此为警戒，日本中央防灾会议改变了以往的地震、海啸的判定模式，产综研也积极地投入到传递信息的工作中。产综研在 2014 年 9 月御岳山火山喷发，以及 2016 年 4 月熊本地震发生时，分别承担火山喷发预知联络和震后调查研究等信息传递的工作。

不止如此，地质学还多处被引用至其他的行业。比如地震大国日本，在建造大型建筑物或者铁路、公路之际，都会援引地质学中主要的科研成果，找到断裂带的位置以及活动规律。而对于有望成为可再生资源的地热能源的开发，在地质学研究中不可或缺。人们赖以生存的土地以及最适合播种的农作物等与生活息息相关的部分，都需要地质学的知识。

日本在最初的地质调查所成立以来，花费了130年时间不断对地质图进行编绘和修订。今天作为数字技术之一的“地图导航”，可以被大众自由地通过电脑和其他终端处理器使用。如果您在日常工作和科研项目中需要收集地质信息，也不妨试一试。

2. 计量是科学的根基

接下来说一说“计量”。时至今日，计量工作已经渗透到了人们的日常生活、生产和各项研究中。事实上，将计量单位标准化的时间点距今并不遥远。法国定义“米”的计量单位，是在1799年。这项决定是面向“所有时代的所有人”。在那之前，时代和社会背景的不同，导致计量单位不统一，这个决定使事物长度的比较更方便。

1875年，法国牵头的20多个国家签署了《米制公约》，世界逐步接受了米制单位。日本是在1885年签署《米制公约》的，并在当时接受了表示1 kg的千克原器，以及表示1 m的米原器。也就是说，日本的“计量”在此时受到了世界的认可，也为日本科研的发展提供了诸多支持。此前日本的科研只在国内得到认可，而此后日本科研便走向了国际舞台。

科学必须经得起再现和被反证的推敲。没有任何一项科学，是经不起第三方的实验或观测的检验的。当我在研究磁力

图4　千克原器

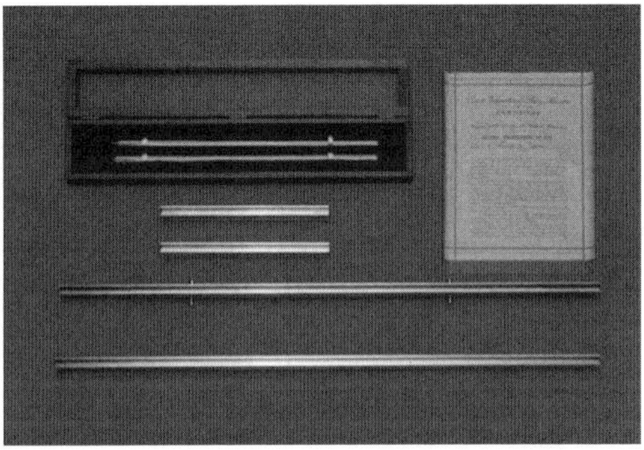

图5　米原器

条开发时，生产车间并没有简易组装的方法，所以只能用嘴唇肌肤触碰磁性层的手段做测评。因为在当时，嘴唇是唯一靠谱的“测试宽度的仪器”。

然而这些不过是我个人的经验，与定量化问题无关。这也无法和其他测评相提并论，更不能计算出磁性层的厚度。只有确定了计量单位，才可以给出比观测实验更能验证假说的方法。可以说，日本在1885年签署《米制公约》后，获得了国际的肯定。“计量”奠定了科学标准，堪称“科学之父”。

计测器通过连锁校正，达到了国家计量标准，因此可信度极高，被称为“可追踪性”。产综研便承担着这份重任。“可追踪性”的概念源自美国阿波罗计划。为了管理零件种类繁多的宇宙飞船，在实际管理中，必须使用国家统一的计量标准。

美国早在50年前就产生的思想，却在日本近20年才出现。这是因为与国外强调可追踪的标准相比，日本更强调整体协作。说得极端一点，比如相关的 A、B 两套系列的产品，在日本需要在发货前统一调整校正的数值。这在当时竞争的年代，日本的这种做法依旧可以作为封闭组织内流通的默认经验，运用于产品的再生产。然而，伴随着 20 世纪 90 年代的水平分工以及自给自足的产业模式的改革，这项优势越来越捉襟见肘，生产中更重要的是国家标准，乃至国际标准的可追踪性。

伴随着科技的发展，计量的精度也越发提高。这与人类认知的扩大息息相关。作为原子钟种类之一的光子钟，可以精确到 300 亿年不误差一秒。假如运用光子钟计量从宇宙产生到现在一共经历的 138 亿年，可以不误差一秒，按这样的精度，我们完全可以观测迄今无法观测的重力场的变化，并检测出地壳变化，提前判断地震的产生。

3. “地质”与“计量标准”是国之根本

“地质”与“计量标准”的研究，虽然很难带来直接的经济效益，私企也很难着手，但是，这项研究却是确保国家和产业发展的根本，是立国兴业的基石。研究者日夜兼程的研究，也是为了将知识传承下去。

产综研至今仍珍藏着日本刚签署《米制公约》时被奖赏的

千克原器和米原器。千克原器至今仍在使用，而米原器因为米单位被重新定义为“光在1/299 792 458秒内所走的路程”而退出使用，但不论如何，这些都是重要的文化遗产。

专栏　试想年轻人“聪慧的”消费观

之前报纸上说：“当前年轻一代与物价存在2%的壁垒。”日本银行对此认为阻碍物价上涨2%的原因之一，在于以当前日本年轻人为主的消费行为。虽说没到30岁的年轻人手头可支配收入正在增加，但是不主动消费的行为导致通货紧缩日渐明显。这代人在他们记事的时候就意识到“少子高龄化”的问题，所以防患于未然非常有必要。因为他们对通货紧缩一无所知，所以他们也不会意识到，资金不流动会带来怎样的风险。如果没有吸引他们的“商品”，他们便不去消费。

但是，果真如此吗？首先，我们试着反思一下消费背后的伦理观。比如，自己的小孩为了今后的生活省吃俭用，努力存钱，我想没有父母会反对自己的子女这么做。因为勤俭持家是日本人的美德。不只如此，《伊索寓言》也有警示，努力储存食物的蚂蚁可以舒适地度过冬季，然而无所事事（一味消费）的蟋蟀却要忍受寒冬腊月的侵袭。自古《伊索寓言》便传递着这种国际性的伦理观。

如今年轻人感受不到我们这一代人确立的保险制度，也是他们对未来感到焦虑的原因之一。我们不能堂而皇之地对他们说："看，就是你们带来2%的消费壁垒，所以不要考虑什么将来的事，先过好当下，好好去消费，不好吗？"

1．享受"理念"的时代

年轻人消费欲望不强必然是没有合适的"理念"输入导致的。然而，在"物质"丰富的年代，想轻易创造"理念"谈何容易。如今即使是热衷购买"产品"的中老年人，也渐渐失去了购物的兴趣。

与此同时，年轻人相比于年长者，更注重"理念"的享受。就像开头所说，音乐会门票的销售额在近五年增长了两倍以上。在社交平台上，他们不断交流着对电影或者音乐的感受。音乐会现场是需要购买门票的，而网络上却有许多关于电影或音乐的免费的资源。相比于我们的时代，年轻人完全知道如何利用免费的资源，并创造全新的生活方式。

大多数年轻人懂得利用网络终端。如我周围有许多人不关心每月更新的报纸，也几乎不看电视，他们使用网络的时间完全和看传统媒体的时间成反比，这是此消彼长的关系。当手机等网络终端可以拿来看资讯或者电视节目的时候，电视机的需求量就会大幅下降。即使是听音乐或看文学作品，利用网络完全比购买CD或者书籍更便宜。

网络几乎与全球化一起发展。这也是通货紧缩、“产品”价格下滑的原因之一。比如电视以及其他播放器的性能比我们年轻时的20世纪七八十年代提升了许多，其规格日渐小型化，但是价格却毫无悬念地下降了。与之相同的，还有与10年前相比，价格大幅下降的终端产品。

这些年轻人成长在通货紧缩的时代，和我们有着完全不同的价值观。作为消费者，他们只认可价格低廉的产品。作为消费者，产品价格下滑，便趋之若鹜；而一旦产品价格上升，便立马失去购买动力，总想着等一等或许价格就会下降。同时，网络搜索价格异常简单，货比三家非常便利，这对价格的影响几乎是毁灭性的。

如此，当今的年轻人，受到网络和全球化的影响，认为不需要花太多钱就可以获得必要的“产品”，享受较多的“理念”资源。他们没有较高的物欲，消费意识不强，主要原因是他们所处的年代相比于我们所处的时代物质丰富太多。

年轻人也是非常聪慧的消费者，尽管他们不怎么看报纸和电视，一般的消费宣传或者清仓甩卖信息并不能唤起他们购买的兴趣。如果是非买不可的东西或者服务，他们便能通过网络买到物美价廉的“产品”。同时，如前所述，因为他们知道太多免费的互联网资源，所以不花钱也可以获得许多“产品”。

想到这样的年轻人会成为将来消费的主力军，我不禁对目前为止传统的个人消费评价观念产生疑问。消费者基于互联网普及带来的心理变化，绝不仅仅局限于年轻人。这种现象遍及各个年龄段。虽说决定价格的主要因素不在消费者，但是消费者对价格的信息掌握方法确实有着实质性的改变，生产、物流业的从业人员在定价格的时候越发受到限制。由此，全球化带来的商品价格竞争将越来越激烈。

从我个人从事生产经营的经验来看，全球化的进程以及网络的普及，将愈发促进商品或服务的价格下滑。个人消费一蹶不振，商品、服务日渐低廉，也是由这10年社会结构的变化造成的。当然从中获利最多的，便是如今的年轻人。

2. 从追求销售量转变为以消费者利益为中心的理念

那么，这群年轻的消费者，究竟有怎样的特质呢?

第一，他们对未来十分不安。在没有打消这种不安情绪的情况下，让他们肆无忌惮地去消费，简直像在告诉他们放弃做“蚂蚁”，义无反顾地做一只“蟋蟀”那样。我们这一代人总认为明天会更好。但是年轻人的消费观直接和他们关心的退休金等社会福利解决与否有关。

第二，他们是聪慧的消费者，追求着消费和获得的最大优化。被网络支配主要信息来源的他们，时而随大流，时而追求个性。对企业来说，这打破了以往的供求关系。如果无视这一层，只按最大公约数、平均值一般生产产品，便很难笼络这群消费者。当下已不是单一产品就可以打天下的时代。吸引年轻人的产品或者服务，早已经超越了“Know How（技术）”，而是追求“Know What（理念）”的时代，因此，追求销售量的理念亟待转变为追求以消费者利益为生产的中心。

在上文的报道刊登后，日本银行将应对物价上涨2%的2017年计划推延到2018年。说到宏观金融政策，我完全是门外汉。但我仍然对于这个物价上涨计划中网络购物和全球化能够提供多大影响充满兴趣。

日本如今仍在推进TPP（Trans-Pacific Partnership Agreement，跨太平洋伙伴关系协定），力求将网络和人工智能作为产业开发的动力。这项政策单纯地说，不过是进一步增加免费的网络服务，并调低商品和服务的价格。宏观金融政策将如何对应这些变动，形势将越发严峻。

20世纪80年代，日本人目睹了泡沫经济变化的全过程。这个时代的经历，目前的年轻人并不清楚。这些聪慧的消费者如果一直省吃俭用的话，那也不妨进一步推进社会的发展。就像他们会筛选真正需要的消费品，所以可以有效地防止由于大量消费而导致大量资源浪费的状况发生。年轻人的诉求，相比于经历了泡沫经济时代的我们，可以说相当丰富多彩。我想接下来对于理念的追求会日渐明显，但理念与商品的结合也刻不容缓。全新生产消费关系的建立依靠现实与理想相结合并由此产生了新的服务理念。活用物联网和人工智能，将能更好地维持个人和社会之间供需关系的平衡。

社会的发展并不只是通过产品的大量消费实现的。我想，我们会渐渐找到人们需要企业提供怎样的商品和服务的答案。

第三章

为组织带来「动荡的因素」

一、组织中的“动荡的因素”

整齐划一的企业，组织机能稳定，往往缺乏自主改革的动力，虽然在外界变化缓慢的情况下可以独当一面，但在突变环境中却容易失去抗衡能力。新技术和改革只有在拥有强烈个性、追求自由想法的人群中才能产生。这种“动荡的因素”给企业带来的好处，正如自然界的现象或者科学法则。虽说企业内如果充斥着个性鲜明的人，必然会引起混乱。但企业不仅需具备管理约束能力的人，而且需要提出创意、带来刺激的人。只有很好地权衡这两者的利弊，才能激发创意，使“动荡的因素”成为企业成长的动力。

想必大家都知道，云层的特征随着季节交替而改变。春霞、积雨云、鱼鳞状的卷云以及卷积云等变化自不必说，当天空中出现了相同特征的云彩，这便预示着周而复始的一年又将开始。我所在的筑波市的办公室，可以清晰地看见筑波山，我也时常饶有兴致地眺望山顶上的云卷云舒。当我看得越发仔细时，就越能体会到云层的具体变化，如层层积雨云中每片云的尺寸或者两片卷积云之间的距离等等。

令人不可思议的是，云的正面虽然是由庞大的水分子集合而成的，但季节的更替可以形成相对稳定的不同特征。每一个水分子都在不停地与周围的分子发生撞击运动。对于水分子而言，周遭的环境温湿度、风向等都是影响巨大的随机因素。但即便如此，数量巨大的水分子仍然像被人设计过的那样，不断体现着稳定而特异的形态。

1. 用耗散结构理论解释云类活动

虽说作为自然现象的切入口极其简单，但是也有人试着将这不可思议的背景作为一项科学来研究。一位叫作伊利亚・普利戈津因的俄罗斯化学家，将这种形成特异构造的一般条件归结为“耗散构造理论”。

我们不妨将这种“耗散构造理论”比作云层。虽然我不是相关专家，只能谈一谈自己的理解，但我想接下来的说法是能自圆其说的。

云是由地表蒸发出的无数的水分子形成的。水分子在空中凝结、凝固，形成云层的同时，外层的水分子也在不断地蒸发、散逸出去。当形成云的水分子和散逸的水分子数量平衡的时候，便在一定时间内形成了云的形态。在此时，地表刚刚蒸发的水分子带着强大的能量，分别向着不同的方向自由运动着。这些水分子在形成云的过程中，不断与周围的水分子反复发生剧烈碰撞，直到状态渐渐稳定下来。在此后便与形成云层的水分子一起维持着稳定的形态。地表蒸腾的水分子能量越大，运动就越自由，因此形成的云层形状就越复杂。于是乎，为了维持复杂的形态，维持“自由形态”的水分子就必须不断被供给着。当供给越不足时，散逸的水分子就会越明显，不一会儿云层便会消失。

我们再将“耗散构造理论”运用到别处。假设现在我们要将散落一地的积木收到大木箱中。如果我们希望将收好的积木稳定地放在木箱内，可以用什么办法做到呢？我想可能会有人选择仔仔细细地把积木收好，也有人嫌麻烦，直接把一堆积木先放进去，然后用力摇晃一下木箱。

这种摇晃其实不过是给散落的积木提供活动的能量，使其“自由”支配自身的位置，我们也将其称为提供可能性。如果不断摇晃木箱，那么积木与积木之间的碰撞，与木箱之间的摩擦就会不断发生，因此能产生更多可能性，进而选择出一种稳定的配置。因此，为了使配置更稳定，就必须多次摇晃木箱。一般最先是剧烈晃动，尝试多种可能性，其次轻轻摇晃几下，便能平衡木块的位置。

无论是云层还是积木的例子，对于更复杂更稳定的配置而言，个别因素在特定情况下具备多种可能性是十分必要的。可能性是从“自由”中产生的。在积木的例子中，即使同样程度地摇晃木箱，积木也只会在相同情况下保持平衡，因此无法追求更安定的情况。于是，无规则的随机摇晃便显得至关重要。

说到“自由”，一般容易被理解为秩序与构造的反义词，可是说到“耗散构造”的机理，倒不如将其理解成先从自由运动中获得各种可能性，再将这些可能性散逸开，最终稳定消退的构造。这便和云层显现出稳定的形态、积木被保持平衡的原理如出一辙。

2. 用计算机制造“晃动”

最近，即使在计算机行业，这种“晃动”也渐渐得到利用。本来计算机最大的长处，就是把小部分的逻辑毫无矛盾地通过计算组装在一起，最终形成整体。实际上，我们身边的计算机也是如此，只表现整合运算后的结果。

然而，现如今我们正使用一种全新的方法，通过刻意制造“晃动”找到最终正确的答案，将整理积木时对木箱的晃动，运用到计算机的运转中。这种思路就是在发现木箱形状的过程中，通过让积木稳定下来的方法找寻正确结果。也就是说到目前为止，利用原有的理论整合无法解决的若干难题，通过这种积木型原理的计算机解决这些难题。

积木型计算机在产综研也得到了大力开发。据专家介绍，这里使用的“晃动”是基于量子论的不确定因素得到的，能够比整理积木更精密、更有效地解决问题。量子论的不确定因素，和“云层”的原理一致，是今后值得关注的方向。

自然界中的现象与科学界的法则，虽不能直接投射到人或组织的问题中，但是从人也是自然界的构成要素之一来看，这种类推也有合理的一面。云层的变化，可以理解成是聚集了许多能量、做自由运动的水分子形成的复杂构造。那么，人类的组织如果性格单一的话，虽然组织会因此稳定下来，并且重视过去的经验，但却难以产生新奇自主的想法或动机。即使能从容不迫地解决过去常见的问题，但当变化巨大时，却难以阻挡。新的技术与变革正因为有强烈个性或者自由想法的人而产生。人们在总结过往经验时意识到，最终只有这样的组织才具备充足的韧性。

3. 索尼的“招聘社员广告”

作为索尼合伙创始人的盛田昭夫先生，便早早地意识到了这一点。在 1966 年，盛田在招聘社员的广告中首次打出“谋求‘出头鸟’”的旗号。盛田认为只有充满活力的人才具备创造性，并且能给周围人带来刺激。实际上，索尼公司内部有许多有着丰富个性的人（这些人在公司内被叫作“个性尖锐的人”)。他们虽然四处与人争辩不休，摩拳擦掌，但是另一方面，却激发了许多充满能量的革新创造力。

不过，如果一个组织内部充斥着这样个性丰富的人，也容易造成混乱局面。就像云层中也有众多安分的水分子一样，企业中也同样需要为组织安分守己的人。一个强有力的组织，不仅需要有鲜明的个性的成员，而且还需要均衡其他能够总领全局的成员。盛田先生必然对这种管理方法的作用了如指掌。

为了谋求组织进一步强有力的发展，就像云层会吸取新鲜分子一样，组织不仅要接纳大部分识大体、安分守己的成员，也需要像积木依靠外部“晃动”获取平衡一般，有必要提高组织的凝聚力，进而获得强大的韧性。

在产综研中，有许多成员是颇具个性的，所以整个组织不缺乏活力。我的职责就是让这些具备足够才干并且充满干劲的研究人员发挥出不同的个性特点，进而把控集体发展的大方向，创造出组织的整体成果。为此，我不仅需要给组织内部提供刺激，也需要从外部吸取“晃动”的因素，也就是说积极创造刺激和动力，是非常重要的。我们希望，通过合作交流、共同研究等形式，不断从企业或者大学获取更多的“晃动”。

说到“晃动”一说，不得不联想到如今的美国。美国至今仍不断地从外部吸收强劲的“水分子”，进而为形成巨大的云层提供源源不断的动力。如今，美国特朗普总统的当政，又提供了更多的“晃动”因素。这些“晃动”对于美国而言，究竟是福是祸，包括我在内的许多人都希望这种“晃动”能够让美国成为更愿意与他国合作的国家。

我最近总是乐此不疲地对着风中变幻莫测的云层和迎风招展的树丛发呆。乍一看充满规则的现象中，其实暗藏着丰富的变化。时而能看到筑波山头从远处忽然飘到眼前的云层，可以看出天气的变化。我在筑波工作闲暇时眺望这一切变化，乐在其中。

图 6　从笔者办公室看到的筑波山

二、确保多样性

日本早已迎来少子高龄化的时代，并因此伴随着劳动力年年减少的窘迫情形。对此，女性在经济活动中一跃而起，日益成为众人关注的焦点。目前的日本女性劳动力参与率只达到 50%，所以女性劳动力的剧增将是解决问题的核心所在。不止如此，女性的活跃，从“确保多样性”的角度来看，也同样重要。相比于同类型人引发单调的思考，不同的人引发不同的思考和判断，会使社会的发展更加健全。在欧美那些发达的国家，女性活跃已不再成为问题的焦点，他们关注更多的是 LGBT（同性恋社群）这种少数派性取向的问题。到目前为止，女性活跃迟迟得不到解决的日本，显然在摄取多样性方面远远落后于别国。让女性能够一展身手，成了日本的当务之急。

2016 年 8 月，日本选出了首位女性东京都知事——小池百合子。在后一个月，莲舫担任日本最大在野党——民进党的代表。同年，英国的特蕾莎·梅继撒切尔夫人之后成为英国女首相，美国的希拉里·克林顿也作为民主党总统候选人参与 11 月的大选，虽然最终没有当上国家元首，但是英国和德国却是女性领袖，在海外许许多多的职业都需要女性担任重要角色。尤其是最近的政坛，女性的活跃独树一帜。

经济活动中女性的活跃问题，也将成为支撑日本社会运转的一项必要因素。总务省在 2016 年 6 月公布了在 2015 年举行的国势调查统计数据。数据显示，15 ～ 65 岁之间的劳动力参与率中，男性占 70.8%，而女性只占 49.8%。1968 年的数据是男性占 82.1%，女性占 50.7%。近 50 年来，男性的劳动力参与率下降了 12 个百分点，而女性则一边持平，一边减轻着劳动力减少的负面效应。然而，这个比例至今仍然保持在 50% 左右。反过来说，女性的劳动力参与率增长的可能性远大于男性，这也意味着，在少子高龄化的时代里，能够工作的女性将越来越重要。

1. 围坐着女员工的会场内方寸大乱的一次演讲

这还是 10 多年前的事，我在前一份工作中，曾在一个推进女性活跃的公司内部组织中做过演讲。但当我站在讲台上放眼望去，四下里坐着的几乎全部是女员工时，我变得手足无措。这种与往常大不相同的局面，使我慌了神。我不得不放弃已经准备好的演讲稿，选择别的话题。由于变化太过突然，我方寸大乱。

我灵机一动，心想说点儿切合实际的话题，于是作为一个生养过女儿的父亲，说起了女儿当年就业的事情。当时的私企，虽然已经在逐步改善男女不平衡的问题，但企业大多数时候还是男性掌权，这种情况作为经营者我也早就心知肚明。虽说我看似明知故犯地让女儿走上工作岗位，心里也难免有些不安，但是每天早晨，看到女儿兴高采烈地走出家门，我也放下心来，觉得女儿是找到了一份好的工作。可是，我自己的公司又是怎样的呢？真是成了一个对女性来说适合工作，能够找到工作价值的地方吗？我只能说，不足之处一定要多多改善。当我走下讲台时，还曾暗暗地想演讲的内容不至于太差吧！

然而，当我回到座位的时候，一位女干事T却对我评价道："您真是一改往日的作风啊！"还有这样的事？对于女性的世界，我可是轻车熟路啊！毕竟我也是在一个女性占了四人五口之家里生活的。我还试图安抚自己，觉得我是在这么多女人拥簇的家庭里生活的，怎么会让人看出马脚呢。可是，有时候在家庭这么小的单位中积累的经验，很难适用于企业这个大团体。从说话的内容来看，参与者期待的并不是一个含辛茹苦地在一旁呵护女儿的父亲谈论自身的经验谈。T故意挑刺说："我想您一定是被周遭充满着女性吓坏了吧。可是您要知道我们可是每天都在男性掌权的情况下工作的。"

为了能让女性在公司内活跃，当下依然存在的男性众多而女性只占少数的问题，以及对劳动条件不公平、待遇不合理问题的处理显得至关重要。如上所述，少子高龄化的社会问题得不到解决，男性的劳动力参与率又有长期缓慢下降的趋势，所以女性的活跃不可或缺。不管是目前有许多争论围绕着日本经济成长的问题，还是为了我们子孙后代能够持续稳定地使社会进步发展，让女性的能力得到充分发挥变得刻不容缓。

2. 让多样性得到积极的发展

女性的活跃问题对于“确保多样性”来说也十分重要。相比于让同样类型的人单一地协调开展工作，倒不如让更多样的人进行多种不同的思考与判断，更能使社会得到健全的发展。虽说有一部分人不赞成这种多样性，但是“确保多样性”可以说已经成了世界性的共识。在欧美那些发达的国家，女性活跃已不再成为问题的焦点，他们更多关注的是 LGBT 这种少数派性取向的问题。到目前为止女性活跃迟迟得不到解决的日本，显然在摄取多样性方面远远落后于别国。

这是我在之前的工作中从事开发业务项目时发生的事情。当时，我带领的团队数年间苦心经营着的事业，总是无法向前推进，我甚至多次试图放弃眼前的工作，当然也想不到之后展开的实验项目。就在这个时候，我的同事小 N 独自一人对着开发中的机器，利用剩余的开发材料苦心钻研，终于取得了研制的成功。

其实我们的团队中不仅有像小 N 这样的人物，而且其他成员也是充满个性，会相互提出不同的意见。当我们觉得一筹莫展的时候，总会从意想不到的人的口中得到好的建议。当然这当中也有女性的身影。她们总是在完成自己工作的同时，安慰身边的同事：“没事的，肯定会顺利完成的！”

我就在这个时候意识到“多样性能够带来乐观情绪”。据说从事神社木工工作的小川三夫在招聘新人的时候，特别注重招聘性格迥异的新人。他说：“如果一个团队的成员全是性格相似的人，那么当团队需要勇敢向前踏出一步的时候，所有人都会观望不前。”当然，我也对此深信不疑。

众所周知，女性的劳动力参与率在会因为她们处在结婚生子的时期暂时低落，而一旦子女较大一些时又会提升，所以会呈现出“M型波动”的趋势。这件事本身不是问题，问题是，统计数字没有具体表明的，那些因为家庭不得不放弃事业的人，虽说有些在小孩长大后会重返职场，但是当下的现实情况是，女性很难找到适合自己的职场。

这也是我上一份工作时候的事情。有一次，有位在东京上班的女性管理人员突然被安排到日本东北的事业所。虽说自己丈夫的工作岗位与自己不同，但好歹同在一家公司，另外他们还有一个正在上幼儿园的小孩。就在这种情况下，这位为人妻的女性管理人员突然被派遣到偏远的东北地区。这对夫妻在深思熟虑之后，选择让丈夫辞职，一家人搬家到妻子工作的地方。值得庆幸的是，丈夫被同家公司的地方事务所聘用，夫妻可以在职场得以团聚。在这之后，当我遇到这位女性时问起在那之后的生活情况，她满面喜悦地告诉我：“我们一家人在地方过得非常充实！”

虽说这种情况对于一家人来说结果不算太差，但是也有一人单身前往其他地方，弄得妻离子散的情况。其实后者可能更常见一些。所以作为雇佣方，在充分考虑女性活跃问题的同时，也要替对方考虑家庭的问题。

企业每年都会举行股东大会。因为人们对多样性的持续关注，所以总会有许多类似的质疑。我们就曾被问到“女性高管如此少，你们有没有有效地推行多样性政策”的问题。记得有一年，曾经在我发表演讲时过来搭话的干事 T，作为执行方出席了股东大会。为了让人们知道股东会有意识地栽培女性经营者，我特意让 T 在出席的当日穿了一件红色的礼服，这样可以在坐满了男性的执行方中格外醒目。果然与预期相符，那一天又有人向我们提出多样性的问题。而身穿红色礼服的 T 面对自己充当领导的多样性推进的问题，自然是对答如流。

3. 为了栽培女研究人员

我在刚来产综研的时候，因为工作的机会，曾经打听过女性员工的现状。让我惊讶的是，负责人告诉我他们已经 30 多年没有听说过 M 型波动的事了。这对于来自私企，一直为“M 型波动”烦恼不已的我来说，一时之间难以接受。然而，细想这当中还是存在着一些合理性的。比如，对于研究者来说，研究的业务内容与研究所的职责，就是给社会提供直接的刺激与动力。这是与私企最大的不同之处。

说到研究所这个组织，它一向是个性十足，又能力多元的组合。在这样的组织里，为了顺利开展业务，每个人不仅需要得到相应的尊重，同时组织内的互帮互助显得尤为重要。幸运的是，我们这个团队，研究人员之间相互理解，相互帮助，已经养成了优良的作风。

与此同时，家人与周围对于我的研究工作的理解也是十分重要的。产综研所在的筑波市，聚集着许多这样的研究所和大学，被称为“研究者的城市”。与其他的城市极少有研究者不同的是，筑波市研究者是大多数。起居、工作单位距离很近，带小孩去学校都十分方便，所以对于研究者来说实在是上天赐给的福地。

但即便如此，关于女性活跃依然存在诸多问题。最典型的便是研究人员中女性依然是少数。

现在，产综研也在实施各项措施来提高女性员工的比例。为了加快女性活跃在所内推进的速度，作为策略之一，我们加入了与地方大学以及外资型企业的合作互动项目。

这项合作，主要是将想从事研究工作的理工科女大学生召集到产综研做现场体验，并由产综研的女研究人员作为成员之一，为这些学生做职业规划。

说到研究所，人们总会误以为这是与世隔绝的地方。特别对于女性来说，周围很少有前辈做研究人员，并以为这种工作很难和自己要从事的职业挂钩。如果连标榜“让技术走向社会”的产综研都无法与女性拉近距离，那么这也意味着我们没有真正地走向社会。

我们的目标是希望有更多学理工科的女大学生可以加入我们的团队中。有利于女性活跃的工作环境不只对于女性自身，而且对于男性来说也倍感轻松。这不光能解一时之急，而且从研究所整体来看，对于实现工作、生活两不误的时间管理，以及职场环境的改善，都是持久的课题。我希望这样做不仅是在研究所这样特定的工作环境，而且对于整个女性活跃的职场都能够发挥模范带头的作用。

三、吸取大众的东西

迄今为止我虽然读过许多经营类的书，但很少有书能够真正成为我血肉的一部分。这其中的特例便是经营学家野中郁次郎先生，以及心理学家河合隼雄先生在书里阐述的内容。我的职业生涯很大程度受到了野中先生和河合先生的影响。我从野中先生的教诲中知道了学习掌握“什么才是本质”的重要性。

只有看破本质的战略意识，才可以应对时刻变化着的商业环境。河合先生则告诉我看透日本人和欧美人精神构造的不同，并使我受益良多。

至今想来已经是很久远的事了，在20世纪80年代中期，日本式的经营风靡全球。在当时，有一家主导经营理念的公司举办了一次研修会，我因为公司派遣有幸参加。面对急速成长的国际化舞台，这家公司计划在10年间培养近1 000名世界通用的商业人才。

共同生活的研修一期长达两个月，这期间一个月在日本，一个月在欧洲。日本有30多家企业，包括生产业、金融、服务业等，都同意这项计划，并纷纷派遣干部候补职员作为其中的研修生成员。在日本研修时主要是使用日语，在其他国家几乎全部是使用英语。这次研修最初打算在10年内完成。虽说后期有许多企业纷纷退出，导致完成研修的人员不足千人，但也有近700人接受了研修培训。

1. 与野中先生意识到的3M共通的地方

我为了做研修，被赠予了许多值得事前参考的书籍，这其中就有一本一桥大学野中郁次郎先生与他人合著的书，叫作《3M的挑战》。“3M”其实是一个采矿公司名字的缩写，全称是Minnesota Mining and Manufacturing（明尼苏达采矿产业）。

然而采矿业迅速衰退，在纸张上覆盖矿石的砂纸制造工艺蒸蒸日上，成了核心产业。其中，由于通过砂纸工艺提高制造磁力条的生产技术，而成立了思高（Scotch）品牌。近年又相继推出“Post-it（报事贴）”办公文具以及用于液晶电视的高性能胶带。

3M 由此不断地开拓新事业，接二连三地推陈出新，使企业生存了下来。野中先生仔细分析了 3M 公司的企业策略，并使我在学习中意识到，这个公司的历史和我从事技术工作的职业生涯刚好契合。

我在大学里专攻采矿专业，进入生产线后从事磁力条开发的项目。我觉得自己的职业和 3M 事业开发几乎完全吻合这件事，实在是非常巧合。正如自己预感的那样，我的工作日程也和 3M 公司努力拓展用于液晶电视的高性能胶带与软磁盘那样，进入了新的阶段。虽说过去我学习的是夕阳产业，但能够遇到这样的好事，实实在在地给我带来了新希望。

野中先生的战略论讲义，和其他各位先生的观点大相径庭。他是将假设建立在人注定会在某一方面极其矛盾，或者存在不合理性的前提下，认为越是像我这样容易困顿的人，就越能够成大器。同时他的讲义对于我这样生产商出身的人是十分亲近的。我想这和先生与我同是从事与生产线有关的职业有关。这样的战略论在持续不断的全球化企业战略的研修中充分展现了日本和日本人个性鲜明的一面。

虽说日本企业一直被吹捧为“Japan as No.1（日本制造世界第一）”，但是近年来这个光环也稍许有些褪色。当我结束这个研修准备回国之际，似乎事先商量好的一般，我被企业派去了美国亚拉巴马州的事务所。这是1988年1月份的事。值此赴任之际，我这两个月的研修或多或少派上了用场。带着自己受过研修培训的自信，我逐步提高了自己全球化的视野。与此同时，野中先生提出的日本企业战略论，也时常牵动着我这颗充满激情的心。

在此后我又有幸与先生见过几面。先生每次出版新书都会赠送给我。我在当上索尼副总经理之后，筹备干部养成研修计划时，曾拜托野中先生前来指导。先生通过浅显易懂的讲义指出二战时日本军溃败的原因，广受研修生的好评。

我到目前为止读过许多研究经营的书籍，但至今能够清晰回想起来，并成为我血肉一部分的，也是屈指可数。商场风云变化多端，唯有乘风破浪把握时机才是关键，但越是平常、大众的东西就越要珍惜。野中先生的书中不断提醒我，时刻问自己“什么才是本质”。另外，留有印象的还有《创造知识的企业》《失败的本质》《改革的本质》以及《美德的经营》等书。

当上总经理后，我曾和先生一起用过餐。我在那时曾问先生自己应该做怎样的领导，先生的回答是“谈话风趣的人”，并为我列举了此类人物。虽说在那以后这些人成为我心中的榜样，但我却暗自觉得先生正是“谈话风趣的人”。

2. 概念标新立异的心理学书籍

在我邀请野中先生做研修讲座的同时，还有一位先生不能忘记，那就是河合隼雄先生。我之前也酷爱心理学书籍，而1983年NHK教育电视台播放的市民大学讲座《日本人的心》却彻底改变了我对心理学概念的认知。做这场讲座的，正是河合隼雄先生。

河合先生以《古事记》等日本的神话为基础，将日本和西方的差异归结为“中空均衡型”以及“中心综合型”两类精神构造。日本的组织中最重要的往往是即使没有核心人物，大家也可以实时地感受到周遭支撑的力量；但是与之不同的是，欧美一般会出现中心人物，组织中所有人围绕这个核心开展统筹工作。

对我来说，这样的说明实在易于接受。我也以此为契机拼命地观看河合先生的著作以及出演的电视节目。像神话、临死体验以及灵魂、死后的世界等等这些怪异的话题，在我得知先生是理工科出身，专攻数学专业，应当思维缜密之后，才渐渐放下警惕，接受这样的说法。事实上，我觉得河合先生的讲义说明“不仅十分科学，而且有条不紊”。

我虽然十分崇拜河合先生，但因为先生的活动范畴十分宽泛，已经远远超出了心理学的局限性，所以无论我有多想了解先生这位知识巨人的全貌，也心有余而力不足。不只是先生的著作，就连先生在书中推荐的作品我也时常随手翻看。像《七个玩偶的恋爱故事》《遥远国度的兄弟》《遥不可及的故事》这些书籍，没有先生的介绍我可能不会主动去翻看。正因为听了先生的《日本人的心》，我在不知不觉间受了先生思维模式的影响。在我之后管理公司时，先生对于“中空均衡型”以及“中心综合型”的解释，也对我理解日本人和欧美人精神构造的差异提供了诸多裨益。

我是在先生担任文化厅长官时，邀请他到我们公司来主讲研修项目课程的。虽说先生事务繁忙，而且是休息日开讲，但先生兴致丝毫不减，非常爽快地答应，并全天候地进行企业内的培训。趁当时的机会，我也有幸让先生在自己珍藏的那本书上签上了大名，此后一直被我视如珍宝。

先生说他仍有兴趣“继续进行”这样的讲座，我们虽然也在为后续做准备，但却因为我突然倒在病床上的事，不得不中断了计划。在研修的最后我问先生：“您觉得做领导的要诀是什么？”先生斩钉截铁地回答道：“那就是费尽全力地‘不做事情’。”这个回答我至今难忘。

随着先生的突然离世，我也似乎失去了读书的引路人。其实人这一生读书的数量是有限的。如果按人平均寿命来看“晴耕雨读”这件事的话，“晴耕”自不必多说，“雨读”的环境纵使具备，可无奈我的视力却每况愈下，读书时总是不能自持。考虑自己的年龄，我想该是自己估摸着“剩下的时间也读不到几本书了”的时候。

要是这么来看，我想现在必然不能把时间浪费在没必要看的书上面。所幸，河合先生曾废寝忘食地进行了海量的阅读，并为后人留下了读书指南。在这当中，仍有许多我未读过的书籍。接下来我便希望能借助这样的指南，一本一本地把书读下去。

四、传递本质的抽离与抽象化

具体说明和抽象说明哪一个更通俗易懂？我想大多数人会觉得，相比于使用抽象的文字，具体的解释会更容易理解。没错，在解释企业和组织整体框架时，详细的说明会被留下“诚实无遮掩”的印象。但是，在讲演当中，如果只为听众展示无数的幻灯片和具体的个别事例，我想散会后可能不会让人留下多少印象。我认为在进入具体解释之前，有必要先对听讲的人说一些提纲挈领的概念。目的是引导听者更好地理解具体的内容。于是乎，抽象化的过程必不可缺。

我在品川上班的时候经常和同事们一起去附近的荞麦面店吃中饭。因为“鸭肉南蛮蒸笼荞麦面”在店内十分受人欢迎，于是包括我在内都经常点这个吃。然而，我们有位同事总是点“猪排盖浇饭”。我们为此非常不解，心想附近也有专门吃猪排的地方，干吗要到荞麦面店里点这个呢？他本人也从没有听说“可以在荞麦面店内点猪排盖浇饭”的事。表面上看过去，在“荞麦面”的看板上，包括菜单上都没有写着“店内有猪排盖浇饭”的字样。

其实经常有人在荞麦面店买猪排盖浇饭，可能是因为使用的汤底相同且易于调理，就像荞麦面和天妇罗的混搭，也是因为它们同属于“油炸食品”。从顾客的角度来看，“光吃荞麦面不解饿，倒不如再来一些具有饱腹感的东西”。于是，店内工作人员便想出了荞麦面和猪排盖浇饭混搭的菜单。

另一方面，虽说有专卖荞麦面的同时搭配天妇罗的事例，但也有的店面是只卖荞麦面的。所以因店面的经营理念不同，卖的东西也各不相同。虽说卖与不卖都无法通过店面的看板“荞麦面”看出来，但是顾客却可以通过店面的气场判断这家店的经营理念。

1. 产综研别出心裁的“看板”

之前有人提出，所谓“综合”，就是一个不知道干什么的地方。我刚进产综研的时候，也曾让研究部门或者研究中心的人把自己的工作写成看板张贴出去。产综研正式的名称是，国立研究开发法人产业技术综合研究所。虽说看似是综合研究产业技术的地方，但其实究竟是干什么的，还是无法从外表体现出来。这就是和告诉别人“我们这儿是食堂”一样，我想至少也要像“荞麦面”那样，有一个属于自己的看板。

当时研究所里的人觉得，如果只用一个看板没办法表达清楚，所以可能会弄巧成拙，写出来反而让人费解。然而看板可以体现研究所是一个研究未来走向和研究趋势的地方。没必要被研究内容的细节束缚手脚。就像在打出荞麦面看板的店里也可以买猪排盖浇饭那样。我其实非常在意挂看板这件事。于是乎，研究所内开始动真格地议论到底要不要“挂看板”这个计划。

为了推进挂看板计划，我们先让各个研究部门以及研究中心各想一个大一统的名称。当我们把各个提案收上来仔细阅览之后，发现每个名字都有可圈可点的地方。一共50多个名字汇总起来，大致将产综研分为“绿色环保技术”和“生命技术”两个大方向。原本产综研的任务就是要实现可持续社会的建设。为了让外面的人也能理解我们的意图，于是我们觉得“绿色”和“生命”可能更言简意赅。同时加上现在作为研究未来社会不可或缺的“情报技术”，一共是三大看板。

目前，产综研对于外面前来参观的人按流程先进行三大看板的介绍，然后再对产综研拥有的技术进行个别讲解。这是为了方便别人对我们的考虑和意图先有一个大致的了解。当然，在说明过程中，也会有人针对详细的内容，提出像“你们在做某某方面的技术吗?”之类的问题。当遇到这样的情况，我们就针对个别问题进行个别回答。

如上所述，如果逐一介绍，可能会汇总出50多个项目。如果我们最初按这样的方式给别人做介绍，那即使别人会赞叹产综研研究数量极广，却很难让人理解产综研究竟致力于哪一块领域的研究。然而，我想大多数人会觉得，相对于使用抽象的文字，具体的解释会更容易理解。没错，在解释企业和组织整体框架时，详细的说明会被留下“诚实无遮掩”的印象。

之前，日本有一位德高望重的数学家，也似乎有过类似的经历。有一次，他对着一个正在做说明的研究人员说:“你的说明太具体了，我听得不是很懂。你可不可以说得再抽象一点?”这是我从现在仍在从事数学研究的人那儿听来的。我想，这位数学家应该是想说自己怎么听都不知道说话者的意图，以至于不知所云，所以需要对方言简意赅地概括说话的主旨。所谓“抽象”，一般而言是指“脱离现实缺乏具体性的样子”，然而，这位数学家指的“抽象”更应该是“概括事物一般性”的意思。

2. 所谓“抽象化”，就是“言简意赅”

因为高松市也有产综研四国中心的关系，所以我会经常去香川县。说到香川县，自然会想到颇负盛名的赞岐乌冬。香川县甚至为了提高知名度，曾打出“乌冬县”的旗号标榜自己。可以说“乌冬”就是香川县的看板。

当然，说到香川县，当地的人可能觉得不是只有乌冬才能代表香川。比如橄榄油、金比罗山、漆器等工业制品琳琅满目。这些东西几乎都和乌冬没有什么关系，挂在乌冬的名下似乎文不对题。所以虽说香川县的人也说自己是“乌冬县”的人，但总感觉言之不尽，于是打出了“不只如此的香川县”的看板。

虽说“乌冬县”这个名称不能“抽象并全盘”地代表香川县，但是倘若真不如此，又应该怎样表达呢？如果只是橄榄油、金比罗山……这样罗列，似乎又无法传递香川县优良之处。所以，让人将香川的好处一言以蔽之，实在是难以回答。

我们经常在评价一个人的时候说“这人真好”，其实这样的话听上去只能说表达暧昧，而不是一般性的提纲挈领。如果再追问这个人到底好在什么地方，可能被问的人也会一时语塞。

其实所谓的“抽象化”并不是“暧昧化”，而是能将事物的本质直言不讳地说出来。这种说明越是针对复杂的事物就越困难。也许“多样性”这个词可以用于人种庞多、规模巨大的美国，但是日本的县这一个级别还用不到这种程度的词。其他有许多自治体，通过尝试用吉祥物来代表自身的设定，并致力于自身形象的开发。

如果我们想在商务场合用一句话点明事物的本质，那么我们就需要在日常加强相关的训练。比如，在各种不同的情况下，舍弃不必要的具体介绍，也就是所谓的“抽离”。特别是在目标明确的商务场合，“抽离”便是“抽象化”最行之有效的手段。就算是在日常随心所欲的对话中，突然被旁人问起这个东西好在何处时，也能够言简意赅地就本质分析一二的人，也是经过训练的人。

对我而言，无论是之前的工作还是现在的研究所工作，在开重要会议时，都会有人帮我整理庞杂的会议资料。因为大家对工作十分热忱，所以总会事无巨细地向我传递各种细节，这就不可避免地会经常使用一些拗口的专用术语，或者会花许多时间仔细地为我解释资料中呈现的问题。说实话，我并不能保证这些细节我都能花时间应对，而且我不见得就了解所有的内容，甚至我经常在读完一堆资料后，仍然不能脉络清晰地抓住事情的概念或者本质。说得更粗暴一点，这种感觉就像走进一家餐厅，在自己完全不知道该吃些什么的时候，突然被端上来写着一百道菜的菜单。这样一来自己就更不知道这家店的卖点是什么，哪一道菜才是值得推荐的。虽然这么说，可能会对精心为我准备资料的工作人员造成伤害，但我的确想效仿之前那位数学家说：“能不能为我说得再抽象一些？”

五、不懂得温柔的人，便难成大器

对于职场人来说，“温柔”是什么？“温柔”就是对他人的悉心照料。“如果不懂得温柔，那便难成大器”这句警言，我是从大学的恩师那里反复听到的。如果没有一颗温柔的心，那便很难听取他人的建议，注意力也将变得散漫，更无法从事精细的实验项目。其实不光如此，在家庭生活和工作中，也是一样的。作为一个组织的领导，不仅要严厉管教居功自傲的下属，也要处处体现人文关怀，用心听取周围人的意见。

在日本东北大学学习期间，我师从下饭坂润三老师，他是当时工学部资源工学科矿物处理工学讲座的主讲人。老师当时总会反复查看实验室的情况，并对研究室内不管是本科生，还是硕士们珍惜时光投入实验的情形深表满意。而就在当时，每次我都十分不幸地在老师查看实验室的时候，要么去打网球，要么下着象棋，要么玩弄花牌，和老师想象中一心投入研究的学生形象完全相反。同时自己和老师迎面撞见的时候，也总是连招呼都不打。这些让先生不满的地方，可谓“罄竹难书”。所以自己总是被老师数落。

到底自己为何落得如此地步呢？我想具体原因根据情况不同而不同。但最根本的原因应该是自己一直以来我行我素，没把他人放在眼里。老师把这种原因理解成“不温柔”，并说道：“如果不懂得温柔，那便难成大器。”也就是说，如果没有一颗温柔的心，那便很难听取他人的建议，注意力也将变得散漫，更无法从事精细的实验项目，即使有重要的结果产生，也会视而不见。这便是老师一贯以来的人生信条。

可惜，当时我根本没把老师的这些人生箴言放在心里，心想温柔和研究有什么关系呢，不管老师说什么我只管自己做好一流的研究者就可以了，但至今想起来当时内心的想法一定通过自己的态度流露了出来。所以老师感觉我无论怎么看，都表现得极不耐烦。

我读大学院期间结婚了，并邀请老师作为我的证婚人。但就在结婚婚宴致词时，老师还是强调他的做人准则“如果不懂得温柔，那便难成大器”，并说道：“新郎官是一个不懂温柔的人，这让我十分牵挂。温柔对于研究者的将来有多重要自然不必多说，即使在家庭生活中温柔也是十分必要的。所以我希望新郎务必记住这一点。”仪式结束之后，听了这席话，我的父亲等人纷纷一脸担心的样子，过来问我：“你到底怎么了？”

我想老师也许是为了责备我容易自满的心理，才故意这么说的吧！想到老师的这些责备，以及为此我付出的时间，都让我深深体会到老师的责备中暗含了多少的心血。如今我已经站在与学生相反的立场，但是和老师相比，我迄今为止都无法拿出那样的热情来责备我的下属。因为责备对方不仅需要充足的体力，而且需要投入足够的热情。最关键的，责备对方，也会让自己情绪变差。

老师经常语重心长地指导着自己的学生。学生们也会偶尔被老师招待，前去老师家尝一尝师母的手艺。我虽然被骂多次，但内心却十分尊敬我的老师。

1. 询问要生多少个小孩的真实意图

有一天，老师突然问我："你想要几个小孩？"我想老师作为证婚人，形同自己的父母。于是我就假设自己做了父母，回答道："希望尽可能多生一些。"老师听完，紧接着又问："到底希望生几个小孩？"我回答说："至少三个吧。"因为我家里就是兄弟三个，小时候就不用说了，即使长大成人，我们兄弟三个也不觉得家里人多，所以养三个小孩在我看来绝不算多。

然而老师对于我说至少生三个小孩的回答，表现得十分意外。他说像我这样完全不谙世事的人的确十分自私。于是我追问为何这么说。他的解释是，我们现在的研究就是日本矿产资源日益枯竭，但另一方面人口却在倍增，相对应的粮食将无法保证，因此在资源和粮食不足的情况下，日本将迎来成长的瓶颈期。

他接着说："我想你一定知道最近罗马俱乐部新出了一本叫作《成长的瓶颈》的书。如果还没来得及看的话，那就尽可能早一点把它读完。"这样的话，对我来说实在太突然了，我内心暗自觉得，就算我也承认有"成长的瓶颈期"，但没必要限制我个人的生活方式吧。纵使是老师，这样的说法都有失分寸，于是心里产生了十分抗拒的念头。

《成长的瓶颈》是当时的一本畅销书。不幸的是，因为我的逆反心理，在那之后我便决心不看这本书。随后过了差不多20年，这本书的续篇，名为《突破界限》的书籍被出版。我也不知是什么样的契机，让我开始翻阅起这本书，然后又回过头来看《成长的瓶颈》。

对我而言，这本书可谓是与我一直敌对将近20年的禁书。带着一丝丝的抗拒，我打开了这本书。在书的第一章开头，写着接下来这段话："现在人们觉得，即使生了5个儿子也不嫌多。然后每个儿子再生5个儿子。如此算下来，当自己做了祖父，临死之前便能拥有25个继承人。因此人会越来越多，而财富会越来越少。后人一生都要兢兢业业地工作，然而得到的却少得可怜。”

这段文字的下面标注的是公元前250年韩非子所说的话。老师之所以问我想要几个小孩的问题，可能就是因为看了这段文字。可是当我意识到这件事情的时候，老师早已作古多年。产综研作为公共的研究机构，所从事的研究活动，目的就是可以实现可持续发展的社会。按理说，像我们这种工作的性质，接触这类话题的机会还是比较多的。这不禁让我懊悔，如果当时能少许听取老师的一些意见就太好了。

可是当时我耍横说要做一名一流的研究者。但后来也没能如愿以偿，毕业后按照老师的推荐进了企业，走上了工程师的道路。在此之后，我又作为经营者积累起自身的经验，如今在产综研和研究者们一起奋斗着。

“人才培养”作为产综研中长期计划的重要支柱之一，将实验的方法、论文的写作步骤等等的在职培训提到重要日程，并且花时间着重培养人才。在学生时代，吃完晚饭返回研究室时和前辈们闲聊，忘年会和各种联谊会中与前辈或者老师们交谈等，对学生来说，都是十分重要的社交。研究人员不光需要在实验室工作，也需要在这样的“社交场”磨炼自己。我在老师的办公室时常遭到责备，但那儿对我而言，也依然是可以和老师一对一锻炼的“社交场”。至今回想起来，这也是我人生非常珍贵的“在职培训”。最近，我也意识到，自己也变得和老师一样，会向年轻人灌输温柔对研究人员很重要的思想。

2. 责备中的指导

我的老师总是懊悔他高中或者大学颇具才干的同学因战火弄得分散各处。这不光让他对自己苟活于世惭愧不已，而且经常抱怨："人生十分空虚。"我们也经常被教授神秘兮兮地问道："假如如今的我和年轻的你们做个交换，可以吗？"当然，有人觉得没问题，但也有人斩钉截铁地表示拒绝。老师每次都会饶有兴致地看着陷入沉思的学生。

最后，我们夫妇两人生了两个小孩。每年我们都会在正月的时候去老师家恭贺新年。老师每次都像疼爱自己的孙儿那般疼爱着我的两个女儿，而且每次都会鼓励我说："这两个小孩的幸福全靠你努力争取啦！"我后来才知道老师总是对我的后辈学生们说，他曾带过一个像我这样不拘一格的学生。现在听起来感觉像是在表扬，虽然老师从来也没当面表扬过我。

如今，我的事业与家庭都渐渐平稳下来。这让我渐渐能体会到老师的责备是一种多么热情洋溢的指导，仿佛是上天的恩赐。生小孩的事儿已过去30多年，但是老师当年和颜悦色的样子，至今仍然清晰地记得。现在当我回归研究室，我仍然希望能够通过培养人才这件最后的工作，来回报九泉之下老师的恩德。

专栏　围绕巨大金块的人物关系

产综研地质调查综合中心一边做着研究活动，一边经营着地质标本馆（筑波市），展示采集到的岩石、矿物以及一些地质标本。这个标本馆不仅研究人员可以参观，别人也可以参观。

一般不被人所知的是，其实在那儿展示着世界上最大级别的自然金。这是明治三十七年（1904年），在宫城县气仙沼市北部的鹿折山发现的，它因为尺寸超大，被叫作“怪兽金”。虽然如今标本馆展示的只有发现时的六分之一的大小，但这也是在日本产出的最大的自然金（362克）。

1. 漂洋过海的巨大金块

我们在后面会描述为什么至今只留下了六分之一。怪兽金在被发现的那一年，就被拿到美国圣路易斯万国博览会展出。人们对这块来自东方，并且漂洋过海来到美国的怪兽金赞叹不已。值得一提的是，这次博览会上，虽然人们不知该给这个怪兽金颁发什么奖项，但它却获得了一块铜牌。这块铜牌和当时获奖的奖状，至今仍然珍藏于气仙沼市的市长办公室内。

这一年，在圣路易斯与万国博览会同时举办的还有美洲大陆第一届奥运会。万国博览会和奥运会同时举行十分吸引人们的关注，而与此同时在亚洲，日本和俄国之间爆发了日俄战争。

在日俄战争中，日本军队通过包围旅顺的攻防联手，和俄国军队展开了激烈的战斗。司马辽太郎在《坂上之云》一书中描述到，就在日本军队节节败退之际，首相桂太郎听闻鹿折矿山的事，并派人将日本发现高富含量的金矿一事告诉战地总司令大山严。因为据传："如梦幻般的金山，开采量相当于40亿日元。"所以如果此事当真，那么则可充当充足的军费。

这对于日本军人来说是极好的消息。总参谋长儿玉源太郎得知消息，火速向大山报告。然而，听闻这一消息的大山却嗤之以鼻，认定这不过是桂首相的诡计，并不予理睬。其实如果真要开采反而需要更多的经费。大山看出，当时的政府根本没有财力去开采这座金山。

鹿折矿山曾在庆长年间被仙台的藩主伊达政宗开采，后来一直荒废，在明治二十年（1887年）重新得到开采。在此之后，早稻田大学的德永重康教授和当地居民一起收买了金山，并不断开采经营。终于在明治三十七年（1904年），让德永教授喜出望外的是，他居然遇到了“富集”的金矿。所谓“富集”，就是指矿山中成分含金量极高的石块，德永教授将此称为“怪兽”。

如前所述，怪兽金在圣路易斯万国博览会上曾被当作“金块（Nugget）怪兽”展出。虽说如今便利店里售卖的金牌鸡块做成了类似金牌的形状，按日本的情况来说，Nugget象征着炸鸡，也就是“富含炸鸡块”的意思。

2．捐出珍贵的标本

那么为什么怪兽金会有一部分落入产综研的地质标本馆内？实际上，德永重康的儿子，也就是德永重元，曾是地质研究所的一名研究员。重元将父亲所持有的怪兽金的一部分，在地质调查所1980年转入筑波市之际，捐赠给了新竣工的地质标本馆。

重元曾就围绕着怪兽金的诸多传闻，从学术的角度写下了若干篇论文。作为地质学者的他在论文里这么写道：“这绝对是空前绝后的，而且接下来在我国能否再次出土这样的金块，恐怕谁也无法保证。”“正因如此，这个标本才异常珍贵。”标本馆将此作为注册标本，一直保留并展示着捐赠当时的状态。地质标本馆因为在双休日开放，所以大家在前来筑波的时候，可以前去参观。

说到奥州金的出土，需要追溯到古代的天平时期。圣武天皇（701—756年）在位时，曾为接二连三发生的地震、火灾、饥荒、疫病等灾难心痛不已，比较被人熟知的是，他为了祈祷安宁，曾在奈良的东大寺建立一尊大佛。大佛的尺寸自不用说，大佛全身也用金箔包裹，结合当时吃紧的财政，可谓声势浩大的工程。在当时，金虽然常被用于佛像以及装饰品，但100%是通过海外输入获得的。所以纵使是天皇，也只能求上苍加持日本国能够出土金矿。

就在这种情况下，陆奥国产金矿的消息传到了圣武天皇的耳中，这不禁令其喜出望外。事实上，据传有大量的金矿从陆奥国被一路运送到国都，并且最终纷纷被用到了大佛身上。在此之后，立志要一攫千金的人纷纷来到奥州，形成了一股寻金热。

像这样，从天平时代到近些年来，如今的宫城县北部以及岩手县南部都成了出土金矿的地方。这一带十分接近我的出生地，同时也留下了许多关于黄金的传说。其中最被人熟知的，就是金卖吉次的传说。吉次相传是一个非常成功的人物，他将奥州的金运输到国都，以此获取了巨额的财富，被称作当地的英雄。

在宫城县北部有一些吉次去过的地方，比如“金城町”“黄金山神社”“金田八幡神社”等等。我小的时候曾在河边淘过沙金，当时看着小小的金块兴奋不已，其实那只是闪烁着金色的黄铁矿（pyrite），里面能看见小立方体那样的大结晶，所以我们就像发现了黄金一般兴致勃勃地拿给大人做鉴别。结果可想而知，只是一些黄铁矿。吉次造访过的黄金山神社附近的一带被指定为国家的历史文物遗迹，如今在那也可以做淘沙金的体验。

天平以后，宫城县北部的金山在藤原清衡公建立中尊寺金色堂的藤原时代开始备受关注。在那之后又有许多金矿相继被发现。这些都与明治时期的鹿折金山的怪兽金的发现不无关联。如今在宫城县内，除了鹿折金山，还有大谷金山等等，二战结束前做过开采，但如今全部都成了荒废的矿山。

据产综研的介绍，在圣路易斯万国博览会上展出过的怪兽金标本，含金量高达83%（2.25千克的矿石中含有1.875千克的金），这也是世界罕见的。另外，世界最大的富集金在1869年发现于澳大利亚的维多利亚州相对地表数英尺的深度区域。据说它是含72.02千克金量的巨大石块，但是发现后因为被立马熔解提纯，所以时至今日并没有标本残存下来。

3．残留下的金块去了哪儿？

鹿折金山的怪兽金残存的最大谜团，就是如今在产综研的标本只有六分之一，那么剩余的六分之五去哪儿了呢？德永重元通过实物，对比展示在圣路易斯的怪兽金的照片，认定地质调查所（如今的地质调查综合中心）的标本“就是其中的一部分”。从这个结论来看，残留的金块去向不明，所以只能通过假定进行一系列的推论。以下均是我个人的假设。

假设 1：有人推测，在圣路易斯万国博览会后，当时作为日本银行副总裁的高桥是清，将这块怪兽金带去了伦敦，最后英国留了这块金子，将其放置在大英博物馆的某处。当时和俄国发生战争的日本，财政十分吃紧，并且世界各国都认定日本会战败，所以各国都不打算把钱借给日本。高桥拜访各国，为借钱四处奔波。然而，在第二年，德永重元曾向大英博物馆调查取证，结果对方说没有此物。

假设 2：熔解提纯以后再次被贩卖，得到的钱充当了军费。不过正如上所述，大山严总司令官并没有对金山的采矿产生兴趣。不管有多大的金块，都无法与当时的军费联系起来。

假设 3：被人贪污。可能有人见钱眼开，拿着这块金块亡命天涯了。当时这块金块市面价 10 万日元。这种假设也有可能性。

假设 4：被当作垃圾错扔出去。呈现层状的标本在运输当中极易损坏，大家看到被损坏的东西后，可能会单纯地当作石块或者石片扔掉，或者被哪个半吊子的矿物学家当作纯粹的黄铁矿扔掉了。这也是有可能发生的。

我在学生时期从事地质学实习的时候，曾经游览过宫城县的女川、雄胜以及唐桑方面的三陆海岸。那时指导我们的是铃木舜一老师（日本东北大学老师）。我是在1970年申请的铃木老师的实习项目，所以如果当时再稍许北上一些，可能会遇见当时还在开矿中的鹿折金山。这次为了统合稿件，我观看了一些资料。这当中，我看到了一篇铃木老师写的关于“天平的金矿产地”的论文，于是心生与老师再见一面的想法。关于怪兽金，不得不让我联想到这之间诸多的人物关系。顺便说一句，那位大山元帅的孙辈，曾与德永重元同期作为地质调查所的成员。我想这种缘分是非常偶然的。

鹿折金山在1971年封山。在此之后，到2011年，以当地人为中心，设置了鹿折金山展览室。2012年，作为“3·11”日本地震震后重建工作之一，气仙沼市重新建设了鹿折金山展览室。

在前些日子，气仙沼市市长来过产综研，由于怪兽金尚且存在的缘故，所以希望和产综研联手合作一些项目。如今以地质地形作为看点的地质公园，在日本各地如火如荼地建设着，而产综研对此也是大力支持。在这当中，三陆地质公园从青森县的八户市一直延伸到气仙沼市，坐拥长达300千米的海岸线，面积超过6 000平方千米，是日本规模最大的地质公园。

我想不光是地质公园，还有许多值得产综研贡献的领域。通过怪兽金的缘分，我想未来的合作将如火如荼地展开。

图7　鹿折金山开采的怪兽金（产综研地质标本馆珍藏）

第四章 你做好下决断的思想准备了吗？

一、你该如何下决断?

人生有许多岔路口，谁都会在做决断前犹豫再三。在年轻时期，升入高中或者大学、就职等等做决断的机会层出不穷。假设有 A 和 B 两个方案。A 方案与自己的考虑如出一辙，很受自己的喜欢，而 B 方案则完全是意料之外的。虽说也有选择 B 方案的道理，但是 B 方案可能让自己更加艰难。换作是我，我一定会选 B 方案。当我再次回看之前抛弃的方案 A，会发现这个方案与现在的自己相差甚远。

众所周知，人的一生并不会非常顺利。在需要做出选择的时候，即使我们给出了自己的判断或者意见，也可能会得到事与愿违的结果。

我在进公司后被分配到仙台事务所工作了 10 年，当时也受到公司合理的待遇，私下过着一家四口的安稳生活。可就在有一天，我突然被总经理叫过去。我急匆匆地穿着工作服就进了领导的办公室，看见总经理和人事部部长一脸严肃地等着我。

我一瞬间感到一定是不好的事情发生了，于是正了正衣服端坐在椅子上。过了不一会儿，总经理突然开口说："我要派你去美国！"我不假思索，立马答应道："好的，我会去的！"于是准备站起身来，就在这时总经理叫住我："你等一下！"然后接着说："其实……我们正准备给美国事务所导入一些新产品，只不过过程并不是很顺利。为了更好地处理问题，我打算派遣优秀的技术人员过去。从这点来看，只有你最合适不过了。所以我希望由你前去解决问题。你身为技术人员，工作娴熟，但是对制造现场知之甚少，所以我想这对你来说是一个极好的机会。对你的职业生涯而言也是光辉的一笔。"

总经理的说明让我听得云里雾里，虽然我一口答应说"我会去"，但我内心仍然在盘算自己是不是做了一个正确的决定。的确，脑中盘旋着一个念头，那就是我如今确实很不想去。毕竟是生产现场，所以为了事务所可以重振江山，应该还有比我更合适的人选。我在脑中开始胡思乱想，觉得总经理虽然口中说着要为我考虑，其实完全是因为我已经不被这个办公室需要了。

总经理接着说："我从来都没有被派遣海外的经验。我至今还觉得自己应该在之前稍微去一下的……"然后他沉默了一会儿，又问我："你今年多少岁了？"我这时不仅回答道"今年41岁"，而且还多嘴了一句："今年真是我的灾荒之年啊。"听完，这两人脸色突然大变，生气地说："你也太没礼貌了。我们这么说可都是为了你好！"我觉得他们说的也没有错。

于是我赶紧对自己的不当言论表示歉意，并准备起身离开，就在起身那一刻，总经理说："回去和你夫人好好商量一下，之后再给我答复。"我为自己没法直截了当说话的性格懊悔不已。那一天我神情恍惚，也没有任何人可以帮我出谋划策，就这样我回到办公室的位子上一直沉思到深更半夜。

1. 说服自己去美国赴任

我该怎么和妻子开口呢？接下来两个小孩的教育问题怎么办？上小学六年级的大女儿就快毕业了。接下来她升初中的问题该怎么解决？小女儿还在小学一年级，平假名还学得一知半解，去了美国能理解英文字母吗？我不停在脑中盘旋这些问题。与此同时，我们这一家子还和妻子的父母生活在一起，岳父刚做完手术，身体还在恢复期。各种各样的情急之下，妻子万一反对我去美国该怎么办……不，就算她们不愿意，我也可以只身一人前往美国。实在是后悔连家人的意见都没有询问，就擅作主张说："我会去！"这分明就是要再考虑三天才能做决定的事，为什么要在那个场合下做这样的举动呢？

那天夜里我回家非常晚，吃完晚饭，我鼓足勇气告诉妻子这件事。然而妻子的回答让我十分诧异。妻子斩钉截铁地告诉我："那就去吧！"虽然我被这个回答弄得丈二和尚一般缓不过神，但多少还是松了一口气。随后，我们两人就孩子的教育问题、留下来的老人如何赡养的问题聊到了深更半夜。

钻进被窝，回想今天一天所发生的事情，我难以入眠。为什么要选我去呢？这个问题不断在脑海中翻转。虽说赴任的经验确实会对我有好处，但为什么要是现在呢？我还是希望在开发的领域有所建树的。更何况我根本没什么生产一线的经验，英语又根本拿不出自信来。像这样跑去美国，估计会什么用场也派不上，反过来被人打上无能的标签，垂头丧气地回日本。总经理对我真的十分期待吗？虽然我一口在总经理面前答应说"我会去"，但是我仍然找不到要去的正当理由。

就在我为"为什么是我呢？"徘徊不前的时候，我突然灵机一动地问自己，如果不是我，那么又是谁最适合前去呢？在这儿我就不一一列举我当时想到的名字了，总而言之我仔细地回想着每一个人。我想了各种情况，终于意识到可能只有我最适合前去。

确实我现在不过只是一个外表精干的技术员。细想一下我在数年前也被派去参加全球化人才培养的课程。在日本土生土长的自己如果加上海外赴任的经验，不光自己可以得到成长，而且对公司来说也是绝好的。的确这么一想，这么做没有什么不好的。幸好妻子倒是迅速地答应了我。好！我这就出发前去美国好好地锻炼自己的身手！如此暗下决心之后，我居然出奇地放了心，甚至有些高兴。想着想着，我便彻底进入了梦乡。

第二天早晨当我睁开眼，妻子告诉我她已经将全家要去美国的消息告诉了两个孩子。妻子又迅速地找到孩子在幼儿园期间一直颇受照顾的加拿大朋友，并请来做孩子们的英语家庭教师。

如此，我的赴美计划开始了。就在年号从昭和变更到平成的那年正月，我先飞到了美国。在一切安顿好了之后的数个月，家人也飞到了美国。她们虽说按原计划到达了美国，可是不凑巧的是那一天刚好赶上美国机场大罢工，国内航班全部停航。但所幸的是当天还有几个家庭需要前往那里，所以公司权衡利弊，派出专机把她们接到了亚拉巴马州，也就是我赴任的地方。到达美国的第一天就搭乘了美国的专机，对我们来说喜不自胜，至今都是美好的回忆。

结果我在美国待了四年。在那期间，让我奔赴美国的两位上司于公于私都给了我很大的帮助。考虑到正月期间赴美的家庭需要做年糕，所以特意为我们送来了臼和杵。能够得到大后方如此支援，赴美的人都觉得内心实在温暖。可就在此时，我也因岳父的去世倍感寂寞，但不过美国的生活于我而言，于我的家庭而言，都是独一无二的亲身体验。如今，如果说那段海外赴任的命令是“晴天霹雳”的话，可能还会被人责骂说：

“你这人真没礼貌!”但的确那段经历成为我日后的转折点。

2. 真正的决断需要做好充足的心理准备

当我们在做出决定的时候，也就意味着我们需要放弃些什么。也就是说做决断，和勇于放弃是同等价值的。比如说，假设你正为选A方案还是B方案发愁。假设A方案到目前为止一直吻合自己的心意，自己也十分喜欢。B方案是被临时提议的。仔细听下来，其实B方案也具有可行性，只不过对自己来说更艰难一些。那么你会做怎样的选择呢?

我想人生是有很多岔路口的。谁都要停下脚步想一想接下来该做怎样的抉择。如选择进什么高中，考取什么样的大学，决定自己要去的公司等等，年轻时期人总要经历许多次这样的抉择。如果决定选A方案那么B方案怎么办?遇到这种情况，我一般会舍A取B。因为舍弃A当过一段时间再看当初的A方案，自己也会诧异，原来和当时的自己对比，现在已经进步了许多。

决断需要一段过程，同样，放弃也需要。虽然说要选B方案，但A好像也难舍难分。其实，即使选择了B方案，还是会在脑海中回想起A方案的好处。像这样“患得患失”的时间长了，很可能自己就会中途放弃。我们给自己做决定的时候一定要有分寸。到了时间，就需要做出决断，OK！我就选

B 方案了。

真正做了决断，就需要做好充足的心理准备。倘若不是这样，那么就会陷入无休止的“患得患失”的状态中。所谓心理准备，不仅是对做完决断后可能产生的事情做全权负责的决心，而且也是一种心理的调整。所以，思想准备既是希望也是一种期待。我在前后两份工作中都一如既往，不过也有人经常摇摆不定，烦恼不已。口头上说一套，真正到自己行动的时候又是另一套。就在这样的时候，才需要提醒自己，按照放弃、做决定、心理准备（产生希望）的顺序调整心态。

是 A 还是 B，做完决断最终会走向何处？我在被派遣去往海外的时候，最开始，我只是关注自己的自尊心，以及去往海外工作是个不错的工作经历，只想着为自己的将来打算。可是，这么想只会陷入僵局。真正解开心结的，只有当我意识到需要为公司考虑并贡献一些什么之后。年轻的时候，我们总会有些我行我素。唯有不断向上的动力才能使自己真正地成长起来。

年轻的时候总是不懂帮助他人和结识善缘的意义。回顾我这一生，说来也奇怪，在设立了很高目标，看似自己无法达成的奋斗的路上，只要自己肯干，那么就肯定会有贵人出现。可实现度高的 A 方案，只会让自己陷入保守、保身的境地。而 B 方案，虽说充满理想主义，实现起来会遇到各种困难，但是正因为选择了 B 方案，只要不断努力，不知不觉间自己的视野就会不断开拓，状况也会随之变好。而这一路的奋斗必然会有人默默地在身旁为自己加油打气。

以海外赴任作为转折点，自己接下来选择的道路，往往和已有的成绩，包括擅长的领域分道扬镳。但正因为如此，才有了今天的自己。虽然我们没有标准衡量自己做的决定到底是对是错，但是，我们自己在做抉择时，做好一切心理准备的过程却是实际存在的。从自己的角度出发，考虑不出得失平衡的时候，不妨想一想自己这么做能为公司带来什么，又或者能为社会带来什么，我想这么一来，难题便能迎刃而解。这对我来说也是出乎意外的考虑问题的方法。我将此视为解决所有难题的一本人生宝典。

二、兴趣是在工作中产生的

你的职业和你的兴趣相关吗？如果把兴趣当成自己的工作，那么何时何地都会感到快乐。然而，能让自己的兴趣变成工作的，只在很少的一部分领域才能实现。对大多数人来说，兴趣是“为了讨好自己”，而工作是“为了养活自己”。即使如此，兴趣本身和工作不是对立的。我一直觉得兴趣对于职业人来说是十分重要的。我经常觉得，兴趣可以调整自己的身心，成为自己工作的支撑点。

我们通过工作得到回报，这是因为能够给雇佣自己的人带来好处。而将某项职业当成自己的工作，并以此养活自己，就算不是自己喜爱的，也没法抗拒。

但另一方面，兴趣是用来取悦自己的东西。因为一切是为了自己而存在的，所以没有报酬也无妨。不论是艺术家、运动员，还是科学家，如果把这些工作都看成是他们兴趣的延长，会怎么样?

1. 亲身经历的“研究者的自嗨”状态

夏目漱石虽然说过，工作是为了旁人，而兴趣是为了自己，但他也同样说过：“只有科学家和艺术家，这样的工作才可以和自己的兴趣兼得。”因为无论是科学家，还是艺术家，在没日没夜地投入研究和创作时候的心得体会，是完全相通的。

作为本是研究人员的我，回看一路以来的经历，在一段从事研究工作的时间里，自己完全就像被勾了魂魄一样，完全进入一种或为自己或为他人的神魂颠倒的兴奋状态，经常被一个实验弄得废寝忘食，或喜或悲。虽说每日都会如此，但是我们却乐此不疲。我将这种状态称为“研究者的自嗨”。

如果被问到：“那个时候你到底是在为谁而工作呢?”我

一定不知如何回答。如果一定要回答，我也只能说这是“研究人员的自嗨”。我觉得看一下周围的科学家或者艺术家的风采，几乎都是如此。虽说他们也有野心希望世人能认可他们的工作成果，但是他们却很少功利地去想那么做可以赚多少钱，可以怎样养活家人。

职业和自身的兴趣爱好如果完全一致，并且刚好能养活自己，实在是太难得了。就算是研究员，希望能够进入“研究人员的自嗨”的精神状态，可也总有被从事的组织索要研究成果的时候，所以也不是随心所欲的。即使是夏目漱石先生，一旦成了专职作家以后，我想执笔的过程也会尝尽苦头。他的胃溃疡的死因和这种苦恼或许有些关联。

我曾问过产综研的研究人员：“你们为什么选择这条路？”对象大约都是40岁的人。首先，许多人都是因为某种原因，喜欢上了理科，比如自然界的生物，或者岩石，又或者喜爱摆弄器械。就像“兴趣是最好的老师”说的那样，他们渐渐成了理科能力很强的孩子。就在这一刻，自己似乎就决定了要走“理科”的道路，由此确信自己要学习理科大学的专业，并继续读大学院。同时，自己越发觉得自己所获的知识就是自己的“专业”，并将对专业的探索变成自己不断为之奋斗的目的。为此不断努力的话，诺贝尔奖也不再只是梦想。产综研里的许多人都是带着这样的经验进入研究所的。

然而只有进来之后才会意识到，原来有许多研究人员能力比自己强许多。于是乎拿诺贝尔奖的念头暂时束之高阁，先努力争取成为在研究所内“独当一面的人”。于是接受前辈们的指导不断学习，总有一天会被学会认可为“学科第一人”。我想这也是研究人员自己觉得最充实的时候。

励志要成为“独当一面的人”，有这样的想法，才可能真正具备专业研究者的心理素质。“研究人员的自嗨”也好，其他的状况也罢，至少可以保证的是，通过自己所做的事能够获得报酬，并养活家人。其实当自己意识到“专业的严苛”时，自己就知道没有纯粹为了研究而做的研究。这样自己便从纯粹的理科人变成了一位理科职业人，最终成长为“学科第一人”。接下来，自己所做的研究也希望得到相应的社会认可。也就是做了这项研究可以对社会产生怎样的正面影响。因为如果研究得不到社会的认可，那么不管是研究人员，还是职业人，都会失去做这份工作的意义。

2. 通过这份职业可以培养自己的才能吗？

像产综研这样的研究机构，几乎没有人可以从一个研究技术人员最终走向管理岗位。这个如果放在企业，情况将大为不同。作为技术从业人员进入公司的话，可以较早地进入其他的领域。即使和自己所做的领域完全不同，也不是稀罕事。这当中既有符合自己意图的，也有完全事与愿违的情况。

年轻时，所谓人事，不过都是“别人的事”，所以公司里有一些前辈会提醒自己不要太在意公司对职员的待遇。虽然这会引来一些不满，认为难道自己的人生就是要任人摆布的吗？但前辈的这些意见还是颇有道理的。因为自己到底具备什么样的才能和适应性，有时候自己是完全意识不到的。我自己的转机的到来，就和自己的意识与希望完全没有关系。关于这一些，我已经在前面表述了许多。

相比于理科生发现自己职业生涯的方法，文科生显然要自由得多。虽然有些人在本科期间就励志做律师或者会计师这些专门的职业，但据我所知，大多数人大学里学到的知识和最后的工作并无关联。如果说进了企业之后所做的工作可以决定一个人的前途的话，那么有许多学生是误打误撞地进了一个领域，然后不断地发挥自己的才干。“我从来没意识到自己可以做营销，但做着做着才发现这是非常有意思的事情”，“我虽然对会计的知识一无所知，但我被分配到了经理部，这就成了我几乎一辈子的工作”等等，经常会遇到说这样话的人。虽说我是理科出身，进了公司就做了技术人员，但是并没能很好地发挥学生时期所学的专业知识，而是进了生产厂家开发完全不同产品的领域。

职业的选择可以说是人生最大的抉择之一，同时，选好某个职业就意味着自己要做好“以此谋生”的思想准备。有人对已经选择的职业不满意，便后悔要是当初选择其他职业就好了，于是一时起意换了别的工作。然而，这样的人在选择职业的时候，不管是自己的兴趣也好，能力可以胜任也罢，一定要相信自己的选择是稳妥的。

在企业中就职，像夏目漱石说的“职业和兴趣完全一致”的情况完全是少数。说是出于自己的喜好，倒不如说许多人就是拿“挣钱养活自己”当作喜好来面对工作的。

有的时候，最初工作的性质与自己的兴趣并不吻合，但是在一心从事的过程中，也有人渐渐养成了兴趣。人类是可以顺应被提供的工作内容的。日语中的“一所悬命”（奋不顾身的意思）原本指封建时代的人为了保护自己从领主手中获得的土地而殊死奋战。如果工作中有这样的心境，我想任何困难都是可以克服的。这也正是所谓的“刚被扔出去就立马站起来的小法师”（指“不倒翁精神”）那样。

3. 在工作中产生兴趣

稍微岔开一下话题，我偶尔会遇到一些“拿自己的工作当作兴趣来做”的人。这些人如果是在旁的部门，我便能旁观者清一般隔岸观火，但倘若真正自己的部门里有这样的人，如果作为我的直属上司，我一定会感到心力交瘁。据我自己的分析，认为自己的工作是自己兴趣所在的人，对他人的兴趣一定毫不关心。倘若仅仅如此那还说得过去，他们很多时候对时间的支配毫不在意。如果这些人做了上司，当自己做完了工作，想说“我先走了”的时候，他们一定会追加别的工作，并一脸嫌弃地说：“你现在就想走了，先把这个做好。”如今职场内“回不了家”的问题，就是受这帮人的影响而形成的。其实“职业和兴趣刚好吻合”与“职业就是兴趣”看似相同，实则不然。

夏目漱石在俳句和书写创作方面绝对是专业人士，在歌舞伎方面也造诣颇深。在与他交好的对象里，有科学家寺田寅彦和俳句诗人正冈子规。同样，也有相声世家第三代传人柳家小等等，对于夏目漱石来说，也是“异领域”的好友。夏目漱石感兴趣的领域对他本身职业的巨大影响，我们通过他的作品便能深刻感受到。而他本人选择职业作家这条道路，完全是将自己的兴趣直接投入到工作中。

那么别的职业是怎么样的呢？作为物理学家，也是日本首次获得诺贝尔奖的汤川秀树先生，就有过这么一段不为人知的故事。曾经有一位报社的记者问他：“先生，您有什么兴趣爱好呢？”先生回答道：“我没有什么特殊的爱好。”于是记者追问：“那您休息的时候都在做什么呢？”先生的回答是：“只要有时间我就会读书。”记者依然穷追不舍地问：“那到底是什么样的书呢？”先生答道：“相声一类的。”读相声方面的书对于先生的研究有何影响不得而知，但对于先生工作的推进，我想或多或少会有一些影响。

同样是获得诺贝尔奖的根岸英一先生，我在与他见面的时候，先生告诉我：“他的人生最重要的事情，第一是健康，第二是家庭，第三是职业，第四是兴趣。”可见兴趣对于根岸先生的研究到底有怎样的重要意义。

当然我们无法对两个人所说的内容比较一二，但是我依然觉得，对事物抱有浓厚兴趣是非常重要的。兴趣虽然不能直接反映在工作中，但是通过兴趣的培养，可以均衡自己的身心，也让我多次在工作中感受到快乐和轻松。特别是之前的工作，当我从事企业经营管理的时候，经常会十分忙碌，同样，也容易迷失自我。就在那段时间，只要一有机会，我就会去听相声，或者在赶路的时候读读书。对于我来说，这是不可多得的心灵安定剂。在工作中，我经常遇到身体负荷过重的情况。那么兴趣爱好就是我工作的坚强后盾。

在我从事现在的工作之后，时间变得宽裕起来。现在我每个月都会去听一次相声。同样我也喜欢听音乐、鉴赏绘画，所以也会经常去听演唱会或者去参观美术馆。还有，虽然我不知道这算不算兴趣爱好，我也喜欢找别人一起一边喝酒一边聊天。

当我独处的时候，我会异想天开地想许多东西，这也令我十分开心。我在整理这本书的初稿的时候，意识到，这件事给我带来了许多动力。当我回顾自己这一路的经历，整理自己的思想的时间的确是非常愉快的。

三、随年龄变化的时间的价值

无论对谁而言，一年都只有365天，一天都只有24个小时。然而，对时间的感知却随着年龄的变化而各有不同。每增长一岁，人就会感觉时间的流逝又快了一些。同时，感受时间的心理也发生着变化。具体是怎样的感觉，完全依赖于每个人支配时间的方式。学生时代，总感觉时间多到用不完。如今回想起来，有很多都浪费掉了。时间的长短越是人人公平，使用方式产生的差距就越大。剩余的时间，到底是理解为“还有时间呢”还是“快没时间了”，是非常重要的分歧点，这也关系人生价值观的问题。

日本是全世界最守时的国家之一。飞机或者新干线稍许有些晚点情况出现，乘务员就会通过广播诚挚地向乘客表示歉意。日本可能是特别珍惜时间的民族，然而西方也有“Time is money（时间是真金）”的谚语。时间一去不回的理念，是东西方文化的共识。这不禁让我想到奔赴欧洲时我的前任上司经常说："时间是真金。"

"时间"虽说是日常用语，但时间概念却因人的使用方式不同而情况各异。说到物理性的时间，我们一般会想到日晷、水表，以及沙漏的年代，直到近代又出现了摆钟，将一定间隔的时间记录下来。人类有秒这一精度的概念，是以地球自转，也就是"一日 = 86 400 秒"为基础计算的。这就将时间的运算精确到不会错算地球自转一周的时间。然而，这样的精度依然会因为季节的更替造成不精确的情况出现。原子时钟研究的推进，提高了计算时间的精度，在 1967 年人们通过铯原子的固有振动周期，更加精确了秒的长度，影响至今。

所以，研究原子振动并获得振子的物理学家，顺利地从观测望远镜的天文学家手中，接过时间计量的工作。同时，我们并不因自然的振动随波逐流，而且通过器械记录振动的时刻，规范自身的行为。牛顿从不受任何影响的天体运动的相互平衡中找到了时间的奥秘。随后物理学们尽可能地用极其精密的仪器测量"等间距"的时间，为此至今仍在努力着。铯原子钟的计量精度在发明的当时（1955 年）是每隔一百年误差一秒，而如今的水平已经达到了几百亿年不误差一秒的精度。即便如此，物理学家对于时间探索的脚步仍没有停止。

刚才说到的，在物理学家如今对时间摩拳擦掌般探索之时，日本正准备推出一台终极的原子时钟，最大精度能够达到

300 亿年误差只在一秒当中。这项技术是以东京大学的香取秀俊教授提出的光子时钟为基础，也就是用光作摇篮（格子）支撑原子的方式，通过振子让原子的松动剧烈减少来削减误差的。这项技术的实现包含着众多日本机构中研究者的心血。产综研也作为其中的一分子。也就是说从宇宙的形成到今天已经过去了 138 亿年的时间，用新研发的时钟记录时间的话误差将不超过一秒。

说得再稍微专业一些，如果达到了这样的精度，那么爱因斯坦在相对论中提出的时间虫洞的影响，接下来通过日常的观测便可以觉察。相对论指出，引力越大，时间就越慢。因为地表的重力大小随着维度、标高以及周围的地形、地下的构造变化而变化，所以一旦有超精密的时钟，那么地标上哪怕只有一厘米的差距，也可通过时差测出重量势能的差距。也就是说，比如在一栋房屋的一层（重力大，时间慢）和二层（重力变小，时间变快）时针转速的差距也能比较容易观测到。

同时，如果知道某个地点的重力大小，那么反过来，该地点的地下构造也可以被推测出来。产综研的研究者正致力于将这种终极的时钟制作出来，并运用于确定世界共通的标准时间，也就是"协调世界时间"。一旦这样的发明得以运用，那么建立在铯原子固有振动周期基础上的现用秒单位，将迎来改头换面的一天。

1. 因人而异的时间感受方式

虽说有许多研究人员为这种精密的时间测定仪器费心费力，但是另一方面，大多数人，包括我在内倒觉得不那么在意时间反而活得很轻松。孩提时期，正月对我而言是一个非常久远的存在。我总是在一边掰指头数着“还要睡多少个晚上”，一边迫不及待地盼望正月“快点到来吧！”

我出生的乡下，虽说到了正月，也没有像样子的娱乐，最多不过是放放风筝，玩玩陀螺，打打花牌，看一些学习杂志的附录等等。但回想起来，当时平常没时间陪我们玩耍的大人，在正月期间也会主动花时间陪在我们的身边，所以对我而言，这种“非日常化”的时间是格外愉悦的。过去大年三十的晚上，并不像现在有华丽的倒计时流程，那个时间多半都是家人安静地睡觉，无所事事地度过。早晨起来后，大人依然像往常一样迎接着新年的到来，自己内心澎湃的感觉就此一下跌落谷底，十分失望。

在我小时候，盼望正月到来要等如此漫长的时光，当渐渐长大后，居然觉得这时光短暂得恍如一瞬间。这可能和电视台每逢 12 月就会大肆宣传“今年还剩几天就结束了呢”有关。自己对年末年初长假的期待，和孩童时期一样，仍是兴奋不已。虽然自己在放假前会写许多要做这要做那的“To Do List

（计划表）”，但假期仍然是在必须写贺年卡、必须大扫除、必须准备新年料理的操劳中匆匆度过。

所以，我觉得对时间的感知随年龄的变化而变化。有些人可能对时间长短的感觉刚好和年龄成反比。按这种说法，100岁老人眼里的一年，和10岁孩童眼里的一年，也许是百分之一比十分之一，100岁老人相比10岁孩童，一年的时间感觉短上90%左右。

有位叫森毅的数学家，将人生分为11个段位，第一段是1岁（1×1＝1），第二段是4岁（2×2＝4），第三段是9岁（3×3＝9），以此类推。假设段位数相乘和实际年龄的感受相似，那么各段期间内对时间的感觉也应该是相同的。我今年因为是69岁，所以我属于第八段的中途，是第八段（64～81岁）的中间段，与度过青春时光的第四段（16～25岁）的9年时光似乎是一致的。森先生将这个假设分成11段，以歌舞伎《假名手本忠臣藏》做模本，重新改变成了《忠臣藏》。确实，《忠臣藏》初听第一段序曲确实感觉十分冗长，然而越接近第十一段，感觉时长越来越短。

时间的感受方式不光与年龄，而且与此时此刻的心境也有关系。快乐的时间总是让人感觉太过短暂，而悲伤痛苦的时光却让人感觉持续得没完没了。正月总是让人翘首以盼，而学校的测试则让人一筹莫展地想：“唉，明天就要考试了，怎么办？”2020 年就要举办的东京奥运会以及残运会，对于我们一般人来说，会想：“啊，怎么还要等三年多啊。”但是对于要参赛的选手，以及场地、赛事准备的工作人员来说，可能体会到的是：“现在所剩的只有三年不到的时间了。”

2. 记录匆匆而过时光的笔记

时间总是和特定的事物捆绑，然后被记录下来。照片就是留下过去时光的典型代表。纪念碑也是如此。这些事物中，残留着不同的人度过的“岁月时光”。

而我则会选择记笔记。我之前的公司发的人手一份的“白色笔记本”，不仅流传于公司内，连在公司外也颇具人气。笔记本的封面是白底印着银色的公司标志和年号的简单设计，里面用的是罕见的 A6 尺寸的纸张，和白色的封面相得益彰。翻开后，有一张几年的日历，和打对页的两面一年份的每月计划表单。剩余的是活页纸。它之所以受欢迎，不仅因为大小刚好合适，易于书写，而且纸张也非常好。有些员工收藏着不同年份的版本。放着一堆厚厚笔记本的前辈的桌子，让人对其工作的年数一目了然，不禁肃然起敬。这其中也是按每一年一份笔记的形式，“等间距”地摆放着。

虽然我现在换了工作，但让我感动的是，我之前的秘书还会每年都把最新的笔记本寄给我，这样我就可以“等间距”地把它们排列起来。每次我收到后都会迫不及待地打开，先把已经确定下来的重大事件写在计划表单内。如此，经过与这些笔记一年的相处很快便到了一年的末尾，再迎来新年。到了岁末交替之际，笔记的颜色褪去，像是在显示它的沧桑经历。就这样，新年第一天在翻开新的笔记本中开始，看着新的365天，思考新一年的打算。

一年365天，一天24个小时，对谁都是如此。但是用怎样的感觉度过这些时光，却是因人而异的。年轻的学生时代总感觉有大把的时间，现在想来，却是荒废了许多的光阴。如果当时可以意识到“时间是真金”，估计我现在也能拿一个诺贝尔奖了吧？“Time is money（时间是真金）”这句话，是人生任何阶段都适用的人生格言。越是像时间这样平等分配给每个人的东西，人和人的差异就越大。

如前所述，按森先生的《忠臣藏》所言，我已经走到了人生的第八个阶段。我在第二、第三阶段虚度了许多年华。有时候也因为生病耽误了很长的时间。剩余的时间到底是觉得多，还是少，是非常关键的，也关系到人生价值观。

2016年是出现闰秒的一年。这一年的终了时刻将由世界共通的“协调世界时”记录。在相距时差9小时的日本，2017年元旦的上午8点59分59秒将新插入一秒。正因为有了对“一秒的定义”新的理解，这样的壮举才得以实现。

图 8　为“协调世界时”做出贡献的产综研原子时钟系统

四、越是准备充分，越是“意想不到”地展开

演讲会的演讲，以及重大会议的主持等，这些不能犯错的场合，一定需要事前充分的练习。然而，虽说用心准备时呈现的效果极尽完美，但是真正上场时却常会有“意想不到”的情况出现。这种“意想不到”我倒是经历过几回。我如今仔细回想自己的失态局面，便能深深意识到：“练习中的一些记忆，反而会影响正式的表现。”因为条件反射的记忆，但条件消失了，那么记忆也会随之消失。

“人生有上坡路，也有下坡路。当然还有一条，就是‘意想不到’的坡路。”这句话是某位政治家对“意想不到的坡路”这句流行语所做的解释。2016 年的夏天，里约热内卢奥运会便在电视的直播中展示了一回“意想不到”的局面。日本在男子体操团体战预选赛中，被人瞩目的日本选手内村航平在双杠上失手滑落，其他选手也接二连三地做了失误的动作。但自从上一届奥运会结束，我想这些选手应该为了这一天，为了能够精益求精，日日夜夜不停地练习着。

有些媒体将原因归结为竞技开始是在上午 10 点半，导致选手的起床时间过早从而影响了正常的发挥。但其他选手也是如此，所以我觉得只要选手在比赛前按正常的步骤应该能够拿下冠军。

然而，电视直播画面显示，日本选手表情僵硬，一脸失望。内村选手在预选赛结束后解释道：“这就是奥运会这个舞台。”的确，这个舞台有着比“异想天开”还要“意想不到”的魔力。

1. 在最拿手的部分失误的相声演员

在某一次相声大会中，有一位名演员在本该事先做铺垫的地方失误地跳了过去，导致后面的表演乱了章法。我想是不是与本次话题无关的因素影响了这位演员的正常发挥。然而随后我在遇到相声界的相关人士之后，才知道“那个时候”发生的失误，正是因为平常练习过多导致的。

据他透露的信息，这一段本是那位相声演员最拿手的部分，因为他十分重视这场大会，所以特意练习了许久。他从大会开始数月以前就已经在练习，直到正式演出前。当然所有的准备都是按部就班地进行着的。但最终这么有名的人还是存在失误。不过，与其说这是平常根本无法想象的情况，倒不如说能够亲耳听到这段失误的表演的观众非常庆幸，可以见证这一历史时刻。所以根本听不出任何责备的意思。

“意想不到”也时常出现在身边的小事中。我在刚做产综研理事长的时候，曾经做过一次报告。按流程起先我做了简单寒暄。报告会的主持虽说是由产综研的职员担当的，但是对于主持人来说，不仅觉得新理事长的名字不好念，而且也没怎么和我打过照面。所以在报告开始前，他异常紧张，甚至念我的名字时总是感觉舌头不利索。

于是报告开始了，就在快要到介绍我出场的时候，这位主持人在练习了那么久之后，还是把我说成了前面人的名字。我在致辞时佯装什么都没有发生。他本人当时也没有意识到自己的问题。在随后登台的嘉宾指正时，台下才突然沸沸扬扬起来。这也是我担任理事长以来一次难忘的经历。

记忆是由大脑中的“海马体”神经操纵的。新的记忆一旦被海马体储存，随后便会输入大脑皮层。大脑皮层又会将海马体输送的记忆不断巩固，加深印象。在计算机领域，新的信息会被半导体存储条记忆，随着记录量的递增，便会转移到硬盘这类大容量的记忆媒体内。人类大脑的记忆也有类似的机能。

因此，为了稳固大脑的记忆，不断回放直到完全稳定下来的过程，就显得十分必要。如果将该记住的东西不分层地混杂在一起，便会影响最终稳定下来的部分。在那场报告会上，相比于那位主持人几十回的操练，倒不如先自言自语两三遍，然后睡上一觉来得更行之有效。临考前的战术也是如此，相比于一夜不睡记到天亮，倒不如稍微记一些东西，随后蒙头大睡来得更有效果。

2. 随条件改变便随之淡忘的记忆

虽然我总是写着关于失误情形的文字，但我也经常发生“意想不到”的事情。在上一份工作时一次有接近一万人参加的会议当中，我出现了严重的失误。

那一次我担任主持，在一通说明之后，接下来便进入提问的环节。根据会场的安排，因为室内较为宽敞，所以设置了几处标有号码的话筒，提问者可以就近选择话筒排队发言。然而我却将“几号话筒”说成了“几号餐桌”。虽说我已事先排练，也在私下操练了许多遍流程，但还是不行。会议后我被人告知了这个失误，导致我之后好几日情绪低落。

这件事还有个后续。在这次失误后，我又担任了第二年的会议主持。当然，事前工作人员就反复提醒我一定不要再犯同样的错误。我也因为之前就犯了这样的错误，因此不断地在心中默念："不是餐桌，是话筒。"然而，这一年我还是犯了同样的错误。工作人员打趣地问我是不是为了引发笑点才故意这么说的。也有人对我紧张造成的失误表示同情，但我自己却觉得这是有失颜面的事情。

和前面的例子一样，我也是在正式主持之前操练了许多遍。可是，我却无法在一万多人面前做事前的练习。虽说是在同样的会场，但是那里坐着的只有工作人员。就像相声演员在彩排的时候只对着少数几人演练的情况一样。所以即使在观众极少的体育馆内精彩地做了事先的演练，但真的到了上场的时候，脑海中仍然回放的是练习时候的情形，而且缺乏真实的临场感。不管是可以容纳数千人的大会堂举行名人会演，还是奥运会中前来观战的当地人在正式比赛时的呼喊声，这些都让练习时候的记忆对正式发挥造成了干扰。对于条件反射中的记忆，一旦条件改变，那么记忆也会随之模糊起来。

插一个别的话题，我在前面聊过巧用心理现象的有趣战术，也叫作"猜拳不输法则"。比如向朋友提议，今天邀请他去高级餐厅，然后通过猜拳的方式决定到底由谁来买单。在这时我会说："我知道猜拳不输的方法。我们就一决输赢吧！"这么说已经给对方造成了相当大的心理压力，让他在开始之前就倒在精神崩溃的边缘。然后猜拳正式开始时，只要出布即可。对方因为过于紧张，一般不敢摊开手面，所以只会出石头。其实在甲子园高中棒球比赛中，决定先攻和后攻也是通过猜拳完成的。有传言说一般出布的赢面会非常大。

我被周围人认为是一个很擅长在正式场合表现自己的人，然而，我其实一直很胆怯，经常弄出一些让人"莫名其妙"的失误。让我惊讶的是，自己居然猜拳玩得很不错。因为我比较喜欢出布，所以总是出这个。如果刚才说的战术没错的话，那么只要对方一紧张就会出石头，那么我就轻松取胜了。

人一般在出席正式场合前，会想许多没必要的东西。如果自己没办法消化这些干扰的东西，那便会丧失自信，迷失自我，消耗自己的能力，以至于不能好好地发挥能力。于是就出现了"意想不到"的局面。

日本体操队在噩梦一般的预选赛之后，在决赛时让人刮目相看，一举拿下了金牌的奖项。而且内村选手在个人最后的双杠项目中，以"意想不到"的大反转，成了体操界的传奇人物。我其实很想知道日本体操队在预选赛结束以后，直到决赛前的 20 个小时内，到底了经历了一些什么，但毕竟这也算是

“国家机密”，最好在东京奥运会结束前不要把这些真相公布出来。

与此同时，那位在名人会演上犯了重大错误的相声演员，听说后来将录音夹在大臂下，一言不发地走出了休息室。那段录音后来被这位相声演员怎么利用的呢？我自己有幸去观看了几次平常的演出，果然名不虚传，非常精彩。当我意识到他虽然也和我们一样是凡夫俗子，但能有如此精湛的技艺，实在让我敬佩不已。

专栏　读书推荐——夏目漱石与井上靖

我从小就喜欢读书。但我所生活的乡下，却没有那么多书籍可读，可谓是“字迹”贫乏的环境。所以只要有书读，不管好坏，总会读得津津有味。

不久，当我自己买了书以后，每次看着书架上琳琅满目的书籍，就像看到自己的成长经历，所以开心不已。学生时代，虽说我搬了几次集体宿舍，书和书架却是我最重要的财产，不管怎样，搬去一处新的地方，只要看到书架和里面的书安放下来，我的一颗心才会随之安定下来。虽然后来我从集体宿舍搬出来住到了宽敞的房子里，但是当时因为我不断地增添书架和各种书籍，所以弄得自己的活动范围拥挤不堪，可以说，我当时支付的集体宿舍的房租钱，几乎完全是为了这些书。

虽说单身汉的生活可以随心所欲，但是成家以后就不能这么做了，我下了很大的决心处理掉我多年的藏书，并且时刻克制自己买书的计划。也就是说，每当我读书的时候，我总会通过在笔记本上记重点的方式，提醒自己勿忘不买书的原则。比如看一本书，我总会边读边塞便签，读完便把这些便签取下塞到笔记本中。这让我十分在意这些便签。它并不是懒人贴，而是能够固定的便签，并且我会着重珍藏一些时下流行的款式。

这样的读书方法有着意想不到的效果。首先，当然可以节省空间。其次，通过抄写可以加深理解。虽说有的时候读一遍根本留不下什么印象，但通过手抄这些只言片语，我可以感觉到“用手记忆”的好处。我家现在有许多自己做过记录的笔记本，和藏书量相比，空间大幅度地节省出来。现在虽说敲打键盘，就能将信息储存在电脑里，但是我仍然觉得手写的步骤，可以连接记忆，加深印象，所以我接下来还打算这么做。

如果我想读之前读过了的书，比如我想回想起这是什么时候读过的，那么我只要看一下款式便知道了。在我影响之下，我的妻子也开始读书做笔记时用便签。我们相互传看着彼此做的笔记，不仅可以分享身边最亲近的人的读书心路历程，而且读书的范围也自然而然地扩大了许多。如此，我们夫妇两人的读书速度足足提高了一倍有余。

1. 夏目漱石简直如同行走的现代语词典

夏目漱石是最先俘获我的作家。2016年夏目漱石去世100周年，不知不觉又暗暗地兴起了一波热潮。作为夏目漱石的忠实读者，我虽然觉得这并不奇怪，但我仍然很高兴年轻一代能够阅读夏目漱石的作品。

在我读高中的时候，我曾看过《我是猫》这部作品。在那之前，我从没有看过那么幽默风趣的书。因为有假名注释，我一边对照注释，一边阅读原文，感觉好像打开了一本现代语词典。对于一个生活在地方的高中生来说，这真是一本很好的参考书，它让我了解到明治时代东京的生活方式，以及当时知识分子们的世界。

在那之后，我开始拼命地阅读夏目漱石的其他书，并最终读完了他所有已出版的作品，包括《心》《三四郎》《从那以后》和《门》。我完全沉迷于夏目漱石的写作世界里，甚至自己写作的风格也变得很像夏目漱石的风格。在对文化和艺术都做了深刻的理解，并且对现实世界进行了相当敏锐的观察之后，他每部作品的构思都是经过精心设计的。我想这一点是其他任何一个作家都无法企及的。

我的朋友看到我对夏目漱石如此痴迷，即使知道我其实是理科生，也会说："你其实就应该去学人文学科。"虽然我在阅读夏目漱石作品时付出的努力似乎得到了相应的认可，但我却确信自己是适合学理科的，因此这种评价对我来说有些不合时宜。

那时，我还只是个高中生。实际上，被人说“你其实就应该去学人文学科”也有一定道理，所以这让我在做选择时左右为难。不过在再三犹豫之下，我还是选择了理科。我后来才知道，夏目漱石原本在高中时代就渴望在大学读建筑学，但他的这个决定在朋友的推荐下转为对文学创作的动力。

虽说我决定学习理科，但是我也是复读了两年才考上工学部的。我在教养学部已经将理科课程的数量减到最少的程度，并尽可能多地选择了文科的课程。那时，大学时常动荡不安，经常停课，于是我又拿出大部分时间花在了阅读上。其实，阅读文学和思想一类的书籍，在大学课堂讨论中，真的可以变作自己的理论武器，厚积薄发。仿佛“文学青年”才是学生们竞相追逐的最重要的身份之一。

顺便说一句，像许多喜爱夏目漱石的读者一样，我也模仿《我是猫》的故事，尝试写了一篇随笔。我之所以喜欢听相声也是受夏目漱石的影响。如果至今被告知又刊登了一些夏目漱石未发表的作品时，我仍然会满心喜悦地翻看起来。

2. 遇见井上靖的愤恨往事

井上靖也是让人难忘的作家之一。他就读的高中，是我在仙台读高中时的一所竞争学校。他最初的畅销书叫作《青叶茂》，在1973年出版。这部作品讲述了井上靖自己的高中时代的事情，在当时也有人说这部作品模仿了夏目漱石的写法。尽管这部作品已经距离现在有很多年的历史了，但仍让我们觉得这部作品讲述的就是我们那个时代，仿佛让我们又回到了高中时代。当我现在再次回想起来，说句大不敬的话，我在当时读这本书的时候，一直懊悔："我们被这所（竞争学校）先声夺人了！"

从那以后，"井上靖"成了我人生中的一个标记，其实在我阅读他的作品时，总会觉得他的才能不可小觑。作为专业作家，井上靖是一鸣惊人的。他不仅可以写出出类拔萃的报道文章，而且也能像一个学者那样详尽而认真地从事工作。相比愤恨他是来自一所竞争学校的人，倒不如说我们同是来自仙台市，应当为他而感到自豪。因此，我十分尊重井上靖这位作家，并成了他的热心读者。我不仅看他的小说和杂文，而且还看电视上播放的他的戏剧。

丰富的"词藻"是井上靖作品的魅力之一，似乎每个词语都有足够的分量。操着相同日本东北方言的我，的确能感受出他文字中作为东北人的灵魂所在。《青叶茂》就像井上靖专门为了把我们的青春写下来，而专门构思的一部纪念册一样。如今虽然相应的电影和电视也已经制作完成，但是我觉得这些都不足以像原著那样打动我。

因此，我或多或少觉得自己有了一些“只有我才能读懂的井上靖的观点”，但是让我笃定这种想法的，还是在看了《吉里吉里人》这部作品以后。从1978年开始，这部作品在每周的杂志中连载了3年，并于1981年作为一本单行本出版问世。整个故事都是用日本东北方言写的。这部作品大概是我走上社会差不多三四年时读的作品。故事发生在日本东北地区的一个小镇，那里的居民发现许多东西都被吸引到市中心，导致小镇的日益衰败，于是他们希望通过成为一个“独立国家”，与日本政府对峙。情急之下的居民纷纷武装起来，甚至有人提出停止向市中心运送大米的过激意见。拥有独特文化的地方居民与以中央政府为主的国家之间的利益冲突如何得到缓解，需要我们充分理解“国家”概念是什么。

40年前在小说中提到的地方和中央政府的复杂关系，至今仍然悬而未决，而且这期间的矛盾似乎日益加剧。2011年“3·11”日本地震发生后，由于我的出生地来自受灾地区，所以我被立即任命为政府的重建计划委员会成员之一。在会议上，我说：“东北地区在江户时期一直向首都都市圈运送大米，在明治时代输送士兵，战后又源源不断地输送创造财富的劳动力，时至今日他们又输送了大量的电力。重建的最终目标，就是要消除东北地区的这种单方面作用。”说到底，这种价值观至今都没有改变。

最近，在英国举行的全民公决上，英国公民们要求英国退出欧盟。即使在一个历史悠久的国家内部，中央和地方之间的对立面也总是存在着的。就像欧盟这样的区域性联盟，中央和地方意识之间的差距也是巨大的。所以，即使欧盟试图以一种共同的理念来克服这一差距，但是地方衰落的现实却拒绝了这一理念。我认为这是造成英国脱欧公投事件最主要的原因之一。

在日本，没有任何地方或县有脱离日本的打算。但是，在日本，地区衰退和中央与地方差距拉大的问题也在加剧进行着。随着2020年东京奥运会的举办，东京将进一步发展。如何将东京的发展传播到地方，以及地方如何与东京一起发展，是日本政治和经济界人士将面临的重大挑战。

3. 可以读书的时光是非常宝贵的

走上社会以后，可以自由支配的时间变得格外得少。然而正是读书的时间才可以调整身心，让大脑在放松时，也能得到知识上的提升。读书的乐趣便在于权衡休息和“充电”这两个看似矛盾的行为。

虽然我们没必要像孩童时期，必须在看书后提交读后感，但正因为我们上了年纪，充分感受到时不我待的紧迫感，才能让我们有这样的意外之喜，去好好体会一本自己喜欢读的书。

第五章

中央与地方，世界与日本

一、多多关注地方的优势

以东京为中心的铁路、公路网等基础设施，以及电视广播、电话网络等通信设备也十分发达，这都会让地方的资源不断向东京涌入。同时，伴随着生活样式的变化，商务模式也急剧向地方扩张。地方的制造业、运输业，以及服务业等地方密集型的产业相继失去“地方特色”，所谓“东京标准”一刀切的模式愈演愈烈。在日本工业颇具竞争力，且人口稳定增长的时代，基于东京标准的经济周期表现良好。但是，在这两个优势条件都丢失了的当下，这种循环似乎出现了一些问题。其实问题解决的关键也埋藏在质疑东京模式的这批地方人士周遭环境中。

我在刚来东京，要换乘山手线的时候，看到周围的每个人几乎都在赶时间，真是惊讶不已。如果一个小时只来一班车，这种情况我还是可以理解的，可是东京的地铁不过几分钟就会过来一班，为什么人们要如此赶时间呢？真是让我百思不得其解。

就在我搬来东京后过了不久，我在换乘地铁的时候，也不知不觉变得大步流星起来。即使知道自己可以来得及，也会在地铁刚达站台时，就会立马跳进即将关闭的门内。仿佛这些举动都习惯成自然了。

东京已经成了全球领先的人员、技术、资金和信息的集散地。由于业务所需，所有资源都在涌向东京。因此如何良好地连接地方和东京，成为业务成功的关键。自己住在东京，即使在地铁上，也会翻书和看报纸，如今大多数选择智能手机匆忙地翻看。这样的大都市的生活方式已经不是什么新鲜事了。一百多年前，夏目漱石就意识到类似伦敦的生活经历，并对此提出批判："人们的精神状态是 Restless（动荡不安）的。忙碌地从一处涌向另一处，没有时间停下来品味一些东西了。"

有些人在争分夺秒的赶路中努力成长为独当一面的商务人士。换句话说，他们错误地觉得忙碌的人才会被器重。我记得，曾经有人指出"忙"这个字去掉竖心旁，就只剩"亡"这个字，意思就是迷了心智。当时我只感觉这样的解释很新奇。

据说，工业革命成功的关键就在于其压倒一切的技术能力，即创新与资本之间的联系。这两者相互联络，发展成为一种强大的业务模型。如今，通信技术和物流的发展，渐渐演变为全球部署的格局。东京可以说已经成长为当代工业革命的领军城市。

1. 战后不断发展的“东京标准”

当我初中毕业时，我的许多同学开始以“金钱孵化器”的身份纷纷涌向东京首都都市圈的公司就职。结果，在地方，年龄在 15 至 65 岁之间的所谓“生产者人口”不断减少，最后仅剩下 15 岁以下的年轻人和 65 岁以上的老年人。

另一方面，东京将通过聚集本国的生产人口，从“人口福利”中不断受益，并将继续快速发展。这也必然导致各地方被动地成为“人口负担”的典型。尽管这似乎已成定局，但可以说，当前地方人口下降和衰退的萌芽已经开始了。

以东京为中心的新干线和高速公路等基础设施，以及电视广播和电话网络等电信基础设施的发展，不仅将众多地方的资源吸引到东京，而且随着生活方式的改变，导致了商业模式也迅速地向地方蔓延。大公司在地方不断建立工厂并成立分支机构。从产品供求的角度来看，目前已经形成了在城市开发运作，随后投入地方大规模生产，再运回城市并促进消费的良性循环网络。

在制造业中统一标准化的工业产品走向世界后不久，服务业的标准化和统一化也在逐步进行着。便利店这一类标准的店铺，以它们能提供让消费者满意的产品和营业时间为卖点，迅速传播至地方城市。几乎就在同时，以所谓的“东京标准”制成菜单的餐馆正通过建立连锁店的方式纷纷涌向地方。即使本地产品可以通过自身过硬的质量略胜一筹，但很难以和产品阵容庞大、价格低廉和使用方便等取胜的连锁店竞争。

我注意到，不仅制造业，而且运输和服务业等本地人口密集型产业也逐渐失去了其自身的“特点”，渐渐被“东京标准”统一化。在新干线车站下车时，我总感觉，如果没有车站名称，就无法知道究竟是在哪个车站。车站前一般最显眼的就是全国连锁餐馆和便利店，而当地的一些小店则缩在小巷稍许靠里的位置。在车站前的1丁目1番地占据一席之地的地方经济实力较强的店面，将逐步从地方退出历史舞台。

2. 地方的衰退势不可挡

从20世纪90年代开始，日本制造业便在全球化的竞争中，渐渐被韩国和中国公司夺走市场里的相应份额。自从《广场协议》签订以来，日元汇率持续攀升，企业经营策略认为，地方的工厂不再具有相应的价值。为了生存，这些公司关闭了一些地方的工厂，将生产转移到海外，并采取措施，裁减人员。作为一个曾经参与这一过程的当事人，至今仍然觉得羞愧难当。

由于制造业生产重组而关闭的地方工厂对当地产生了重大影响。工作机会的减少导致消费量的下滑，修订的《大型商店法》导致大型商店扩展到地方，迫使当地的商店纷纷倒闭。购物街上商店歇业，而更多的人聚集在全国连锁的郊外超市中，便利店更是全天灯火通明。这样的景象在日本各地无处不有。

我认为跟我的同龄人应该有相同的感受，那就是当我们还是个孩子的时候，去附近的购物街上，几乎就可以买到每天生活的必需品。当我需要买一些特别的东西时，我只需要去附近的一个大一点的城镇去购物即可。但是，现在回到农村，几乎完全看不到过去的商店。即使是生活必需品也无法在附近买到，而是必须开车去很远的超市。尽管时代在进步，但这儿的生活并不便利，给人留下了一种时代在倒退的印象。

我认为地方的人应该很早就注意到，遵循“东京标准”可能不符合他们的利益。在20世纪70年代后期，人们创造了“掉头现象”这一词。在那之前，从地方到东京学习并继续工作的过程一直是被人追捧的就业之路，但这也意味着更多的年轻人不得不离开东京返回地方。自20世纪80年代后期以来，人们开始频繁地说起“珍惜地区和自己的故乡”。实际上，在20世纪80年代末，政府向各市分配了1亿日元的“故乡创生资金”，并将其用于振兴村镇的发展。

结果，一些地方的产品纳入国家的系统，有些地区积极发展旅游业。但是，这样的尝试在其他许多地方政府中不仅没有成功，而且整个地方经济一直在萎缩。此后，地方与东京的差距，地方的中央组织与地方组织之间的差距，以及地方社区的老龄化和衰落依然存在着。

以往，在日本工业颇具竞争力，且人口稳定增长的时代，基于“东京标准”的经济周期表现良好。但是，在这两个优势条件都丢失了的当下，这种循环似乎出现了一些问题。地方的人们似乎也强烈地意识到这一点。到目前为止，我们一直按照东京的需求输送人力资源，建立了生产设施，并继续按所需的效率生产产品。结果，该地区发生了什么呢？因为东京的关系，地方建造的工厂和工作岗位的数量不知不觉间减少了许多。地方的工业被“东京标准”弄得停滞不前，没有任何复苏的迹象，而且工作的机会仍然没有得到改善。随着劳动人口进一步减少，社区也在不断弱化。继续按原样追求“东京标准”的生活方式是否合乎时宜？似乎更多的人对此表示担忧。

3. 地方的人不加班吗？

去年，我在一个网站上读了一篇文章，标题是《为什么地方的人不加班》。我在东京工作后，又在宫崎县地方政府做过市场营销专家。近来，以降低劳动力成本为目的，以 IT 公司为核心，将呼叫中心、网页管理和运营转移到地方城市的倾向正在增强。但是，节省成本的效果似乎没有达到预期。原因是地方的人一般不加班，导致雇员人数比预定增加了许多，预期的人工成本降低的结果并未实现。

虽说制订人员配备计划，并假设员工会加班的想法是很奇怪的，但是如果这种分析反映了现实，那么地方的人的确不喜欢按“东京时间”来生活，这也意味着他们根本不想适应这种强加的工作风格。对此作者认为，为什么与东京相比，地方的人不想加班呢，主要因为地方是以以物易物、自给自足的经济和借贷经济建立起来的社区，但东京没有可以建立这种经济体系的社区。他指出，东京的社区只成立在货币经济这一事实基础之上。换句话说，对于地方的人来说，已经确立了这样一种观念，即作为其他经济体基础的社区比作为货币经济实体的公司对他们的生活更为重要。

因为我已经离开地方很长时间了，所以我不知道是否仍然存在以物易物以及借贷等经济体系。但是很容易想象，即使自那以后经济有所卜降，但社区的数量却远超过东京。于是想花时间去做自己的事便是一个很自然的想法。除了对经济的依赖外，对东京的人来说，社区的重要性可能并不明显。

东京除了某些地区外，没有其他自发的社区，也几乎没有邻居互帮互助的感觉。住在东京的人们认为，遇到麻烦时，他们必须自己想办法。东京与地方的人对社区看法的差距是很大的。

地方的人们除了质疑如何与“东京时间”和“东京标准”

和谐相处之外，也在反省他们自己的时间和社区意识。

4. 地方出现的障碍正在减少

正如上所述，英国决定退出欧盟的一个重要的原因，就是“地方”的人向“中央”的意识说了“不”。据说特朗普总统的当选便是在远离中央政治的中西部选举力量“叛乱”中引发的。在日本，到目前为止，不太可能发生这些极端的情况，但是随着东京的发展，以其优势来带动其他地方的想法变得十分困难。

即使未来日本经济有望以一定速度增长，但是像经济高度成长期那样在地方陆续建立生产工厂的情况将不会出现，因为将生产转移到国外的公司不太可能改变策略。另一方面，互联网的普及逐渐消除了被认为是地方障碍的东西。曾经是某一地方生产的产品，通过互联网在全国范围内都可以销售。现在，最好的技术人员可以一边在地方生活，一边参与产品和软件的开发。对于女性劳动者来说，在地方一边抚养孩子一边工作的情况，也会带来更积极的工作效应。

不必因为生活在地方，就将自己的思路局限在此。我们希望可以建立一种郊区和城市之间逐步过渡的环境。散文家丰村丰雄之前曾说过以下几点：即使人们生活在郊区，他们有时也会去城镇并享受那里的生活。这些房屋称为“别墅”，当相似的人聚在一起时，它们最终成为“村庄”。城市和郊区居民应该更加相互开放，因为没有郊区就不能建立城市，没有城市就不能建立郊区。

在未来，随着物联网和人工智能的发展，东京与地区商业环境之间的差距将进一步缩小。这不仅在成本方面，而且在居住环境和社区实力方面都可能带来更多的地区优势。像我们这样的公司和国家研究机构目前已经走到了这样的地步，那就是，地方和东京应该制定政策和商业战略，建立合作关系，以面对未来更好的地区格局。

二、你能理解“热情好客”的本意吗?

“热情好客”是日本的传统美德之一。在日式的“热情好客”的风格中，通常会仔细考虑客户的喜好，用心“揣摩”。然而，生活习惯的不同导致“揣摩”的方式也各不相同，适当的“招待方式”也灵活多变。可能有许多人觉得像这种日式的“揣摩”人心应该可以流通于全球，但实则不然。日式的这种“揣摩”在商务场合容易带来麻烦。这可能与我们对外国的商务环境理解不够，并且总是不知不觉地用日本的尺度来衡量这个世界有关。所谓“揣摩”，就是左右周旋、体贴他人的思想根源，当然这也是日本人的美德之一。我觉得对对方而言，这也是日式的“热情好客”的一种方式。

在筹办2020年奥运会的招待会上，泷川·克里斯塔尔称日本有着“热情好客”的精神，这和奥委会最终作出东京为开赛城市的决定不无关联。日式的“热情好客”应当呈现什么样的风格，对此的回答即使是日本人也因人而异的。换作外国人，就更难理解了吧。即使是很多日本人，当他们说“热情好客”时，也会经常想到日本旅馆和高档怀石料理餐厅的无微不至的服务。

我的故乡仙台曾经的封建领主伊达政宗曾说过：“盛宴是不做作地拿出时令食品，并由主人自己烹饪。”无论是不是自己亲自下厨，这里的重点都是“不做作地”供应时令菜肴。我想他想说的是，正是这种极具内涵的招待，而不是表面的配料、烹饪方法或者厨师是谁，等等。

按照这种传统，在我老家乡下，吃年糕也算是盛宴的一种。当然，年糕绝对不是只吃一种，但也不会像吃怀石料理那么夸张，而是结合了作为主食的带馅儿的年糕和作为配餐的时令年糕，还有放入碗中的乱炖，如帮助消化的萝卜泥，外加其他香头。季节性的年糕，放在春季便是草饼，夏天的则是毛豆泥年糕，秋天的便是核桃年糕，等等。

制作年糕的时候，需要根据客人用餐的时间蒸米糕饭。虽说用研钵捣米是男人的专项，但其他所有任务几乎都由女人来完成。对于做东的主人家来说，这可是一项艰巨的任务。因此，在农村，年糕被称为“手工美味大餐”。不仅味道好吃，而且菜肴所需的人工和准备都很重要，这也充分表明热情好客的精神。

有人在电视上讲述了有关千利休的逸闻轶事。利休从大阪前往京都的途中，顺道进了一位熟人的家里。对利休十分崇拜的这家主人，在利休进门之后就一直忙着使出浑身解数“热情招待”。首先，他摘下了园中的柚子，并配上柚子味噌，一并端了过来。利休见此喜出望外。此后，主人又拿出从大阪订购来的美酒，并端出丰盛的肉类菜肴，但利休却突然对此感到不满并提早离开了。我想利休的口味与政宗公所说的美味大餐多少有些相通之处。

在日式的“热情好客”的风格中，通常会仔细考虑客户的喜好，用心“揣摩”，并事先准备好。通常在公司会议上，首先会端上茶水，然后再递上另外一种饮料，例如咖啡。如果给所有人都准备了同样的东西，那些不喜欢它的人只能一口不沾地将茶水饮料通通都留下。“揣摩”客人的喜好是日本的待客之道，因此即使做客的人碰巧被端上自己讨厌的某些东西，也不会表现出任何不适，即使一口未动，也不会失礼。

那么，这在美国又是怎样的情况呢？会议室一般有热水，供应咖啡和茶，因此自己可以通过自助服务喝咖啡或茶。这就是所谓美国人的招待方式。可谓不同的生活方式有不同的“揣摩”风格，因此也有不同的“热情好客”的方式。

我以前的工作中有一个相处很好的法国同事。他非常喜欢日本，每次来日本时都会吃日本料理。有一次，当办公室里的每个人都在思考应该去哪里款待一下他的时候，我们突然得到他喜欢吃烤肉的信息。于是，我决定将喝酒聚会的项目定为吃烤肉，再添上一些红葡萄酒。那天我们先用啤酒干杯，之后又尝试点了些红葡萄酒。然而，令人惊讶的是，他却认为白葡萄酒更好。

我想法国人一般对食物挑剔，选白葡萄酒一定有其原因，所以当我问他具体原因的时候，他的答案却十分简单。他虽然喜欢红葡萄酒，但是日本餐馆不知出于何种原因，总是给客人提供冷红酒，所以如果都是冷酒，倒不如白葡萄酒会更好一些。确实，在日本，有许多人都会觉得吃烤肉最配的是红葡萄酒，吃鱼类菜肴的话则是白葡萄酒。我们被限制在这些墨守成规的框架中，擅自“揣摩”了这位法国人的心思。

1. 必须“揣摩”别人的心思吗？

稍微岔开一些话题，日本人的“揣摩”有时会成为商业环境中的一种障碍。在我去美国几年后，希望以 OEM（定点生产）的方式向某公司提供产品，并为此获得好评。结果我被要求每次都要提交一个样本上去。可是，真当我提交上去的时候，却很难通过对方的要求。因为该产品已经在世界范围内发布了，所以应该没什么问题，那为什么他们觉得不能通过呢？我们便因此以日本工程师为中心不断展开直言不讳的讨论会。

然后，团队中的一名美国工作人员指出，最好直接问对方对他们的评价是怎样的。日本员工听到这样的话感到有些惊讶，因为他们觉得这样做不仅对客户很无礼，而且这也让专业人士感到尴尬。结果这位美国员工直接向对方询问后，被对方告知其实他们采取了一种特殊的评估方法，并立马解决了问题。如果不采取这种行动，辩论将继续进行，可能我们会误以为需要更好地提高质量，进而给自己添加不必要的麻烦。

我们再回到开头说的奥运会的问题。因泷川·克里斯托尔而广为人知的“热情好客”的精神应当如何实现呢？当前，虽说关于硬件，例如设备之类的讨论仍然是主要问题，但是软件也非常重要。日本好客的精髓是“含蓄”和“不做作”。因此，过度的粉饰是没必要的。

但是，外国顾客能理解伊达政宗和千利休理想中的款待和热情好客吗？我想这是很难做到的。为了让外国人感觉到用海带和干鲣鱼薄片制成的日本汤的味道，有必要让他们先吃几次，然后才能知道。毕竟与外国人使用的香料和调味料相比，日本汤底的味道是十分微妙的。

因为日本人生活在一个由单一种族组成的同质社会中，所以这一点还是能让外国人理解的。并且许多人认为日本式的待客之道应当被世界所接受，但实际上却并非如此。如果我们没有充分的说明，那么外国人也很难理解日本人待客之道中的“含蓄”和“不做作”。

2. 你能感觉到“好客”吗?

如果我们希望外国游客能够理解日本人的“热情好客”，则必须以一定的形式表达出来。比如我们不仅可以通过日本的技术和日本人的细心程度，使正在建设的设施更加简单便捷，更要把设施及场所的名称设计成外国人容易理解的方式。当然，我还希望重新设计志愿者服装的外观，这样能让来访者容易辨认。

同样重要的是，究竟有多少人对“热情好客”这一文化感兴趣。不是所有外国游客都有可能去高端的怀石料理餐厅或住在著名的酒店。相反，大多数人会选择诸如普通酒店和商务酒店之类的地方和私人住宅住宿。比如说吃饭，可能也会选择快餐连锁店或者居酒屋这类地方。

如大家所知的那样，在国外生活或旅行时，正是此类贴近日常生活的地方才能真实地反映这个国家或地区的服务水平。五星级酒店服务在任何国家都是一流的。但是，快餐店的服务却因国家和地区而异。

我认为很多人都重申在使用了海外的快餐店后，不得不感受到日本同系列店的高质量服务。这是因为日本客户对服务的需求很高，因此可以说这些日本的店员已经接受了许多锻炼。但是，我认为这可能还因为在同一子公司工作的日本人，自然而然地会流露出他们日常的已经超越了公司手册的日式招待。

但是，不幸的是，日本的服务质量和清洁度不再像以前那样可以引以为傲。即使在外国人经常光顾的地方，乱扔垃圾的现象也在增加，非法停放自行车的现象也层出不穷。虽然这些只是少数现象，但人们对周围环境和其他事物的用心程度却有所下降。

关于申请2020年东京奥运会的重要性，可能每个人都会持有不同的看法，但是我个人却觉得可以借此机会提高对外国人的接待水平，使日本成为一个更宜居的社会。首都东京在举办上届东京奥运会时，高速公路等社会基础设施便得到了有力的改善。在本届奥运会中，我们希望创造一个易于外国人消费和残疾人行动的环境，同时让东京日益成为未来其他城市发展的榜样。

有时候，一个小小的“揣摩”可能会得到意想不到的结果，同样，这也是照顾周围人的思想根源。在2020年东京奥运会举办之前，希望我们能够充分利用这一可以被称为日本人民特性的东西，让外国的游客在日本各地都能感到“热情好客”，需要我们每个人都以自己的方式参与其中。

三、看透美国人的“真心话”

有些日本人批判日本无论是政治还是经济都过于听从美国的安排。也有人说正是美国提倡的全球化主义，让世界各地收入的差距越拉越大。不管还有怎样的意见，日本的经济发展或多或少都受到了美国的恩惠。如今，美国即将有很大的改变。到目前为止，美国社会因为包容多样性获得了很大的发展。同时，正是因为对多数移民的宽容，对其他各国公司的接纳，才受到人们的尊敬。这种宽容的精神，在特朗普当选总统后出现了一些动摇。我想美国自身也意识到了这种变化潜在的危机。

正如我在前面第三章里提到的，1987 年春天，我接受了由一家咨询公司主持的为期三个月的全球人力资源培训计划。当时，日本经济长期保持强劲增长，“日本管理”也逐步引起全球关注。大约在这个时候，埃兹拉·博格尔的《日本作为第一》出版了，并一举成为日本当时的畅销书。“日本人的英语能力显然不如其他国家。”但是日本公司和经济体却势头强劲，所以“并没有关系”，同时，这种观点也得到了广大日本人的认可。

我们在日本完成了为期一个月的以演讲为中心的培训后，最终我们开始了在美国和欧洲分别进行为期一个月的现场培训。起先是动身去美国，当然这也是我第一次踏上美国的国土。

美国的第一次训练在洛杉矶进行了一周，最后我在隔壁的圣地亚哥度过了一个周末。为了平复日常 24 小时沉浸在英语中的环境，我们打算制订一个去圣地亚哥的假期计划。还有一些人打算去一家日本餐厅吃晚餐。因为我在洛杉矶已经很长时间没有吃过日本料理了，这也算是难得的一次晚餐。虽说我们只动真格地进行了一周培训便开始思念日本料理的行为确实说不过去，但是当有人提议说："今晚我们吃日本料理吧！"却获得了在场所有人的同意。我虽然在那时也经常出国旅行，但却不怎么去日本餐厅。

美国的西海岸是日本人相对熟悉的地区。我心想去那应该能吃到比较正宗的日餐，于是在晚上出发前，就开始抑制不住内心激动的情绪。

我们进入餐厅时，发现这家餐厅相当大，的确有一些日本顾客，但绝大多数还是美国人。在那之前，我一直坚决回避日式料理，所以当我看菜单时，每个人都像接下来要偷食禁果那样，彻底忘记了自己胃部的承受能力，大口大口地吃起来。吃完饭后，店主推荐了后面的卡拉 OK 室，所以我们按推荐进了里面那个房间。在我们进去前里面已经有七八个日本女性。那天，有一个针对住在圣地亚哥附近的日本妻子的高尔夫比赛，所以每个人都来这儿吃饭。

这些人与美国海军士兵结婚，并在圣地亚哥生活了30多年。她们能很快与刚从东京来到这儿、感觉什么都很新鲜的日本人畅聊起来。当然，她们的英语已经纯熟到无法想象她们的母语曾是日语那样。比如门票、机器、麦当劳、沃尔玛等等这些日语的外来词听起来都非常美式。另一方面，虽然她们说日语的时候有时会混入英语，但她们的表达却十分谦和礼貌。有些几乎是快被日本人忘记的日语，与之相对，反而我们这些粗糙的现代日语显得有点尴尬。

这天和她们同席的我们几乎都是支持日本强劲经济体的日企代表员工。她们似乎也觉得能与我们交谈十分自豪。似乎内心在说："日本人真的很棒，我希望你们可以加倍努力，让日本人更加在世界的舞台上扬眉吐气。"

1. 在美国度过激烈动荡的日子

1989年1月，在访问美国后的第二年，当日本的年号已经变成了平成的时候，我被派遣到美国亚拉巴马州的事务所。结果，当时的我将承担着在美国要待大约4年的使命，但现在回首那4年，也正好与日本处于泡沫经济时期相吻合。同时，世界处于动荡时期，1989 年柏林墙倒塌，结束了长达 44 年的东西冷战。东欧的民主化运动不断出现，随后就到了 1991 年的苏联解体。在此期间，美国公司和房地产商收购日本公司成了一个热门话题。

我搬到亚拉巴马州的两个月后，我的妻子和两个女儿也来到了美国。我们夫妇两人最担心的是，我们的两个女儿是否可以适应美国的新生活。初中一年级的大女儿英语学得很好，与同伴相处得很好。可是，小女儿却在几个月后仍然无法在人前开口说英语。幸运的是，小女儿的班主任似乎对她特别宽容，所以我们决定耐心等待时机转变。

家人过来之后，几乎每周我们都要出门兜风。我们开车去乔治亚州的亚特兰大，大需要花 4 个小时才能吃上那儿的日本料理。如果想听爵士乐，需要花 5 个小时到路易斯安那州的新奥尔良。如果想在迪士尼乐园玩的话，要花 6 个小时到佛罗里达州的奥兰多。驱车前往目的地的路上，我们都用车内的立体音响听着自己最喜欢的 20 世纪 60 年代美国流行音乐。与日本不同，美国交通状况良好，所以我们能准时到达目的地，而且长时间开车也不觉得疲惫。

在以花生和棉花为主要农作物的美国南部，我们第一年度过了愉快的万圣节、圣诞节、复活节、杜鹃花节（这个城市的杜鹃花盛开的春季活动）和花生节（花生收获节）。在这当中，我的小女儿逐渐开始讲英语，以至于我们做父母的不再那么担心。孩子们每天都和当地的孩子打成一片。她们都只穿着T恤和短裤，到了周末，还可以带着睡袋去彼此的家里。在这种情况下，如果我要和女儿的朋友聊天，我的女儿也会面露难色，觉得自己父亲蹩脚的英语让她们在朋友面前感到羞愧。

虽然我们是一群来自“英语能力显然不如其他国家”的日本人，但我们却在包容的美国人的环境里，过着舒适的日常生活。现在回想起来，当时日本正推动着经济发展，但从政治上讲，这是美国增强信心的时候。美国在美苏争霸中胜出，成为全球最强大的国家。这种信心在世界上弥漫开来，似乎生活在其中的我们也感到自豪起来。

但是，此后情况却发生了巨大的变化，美国在1991年1月突然加入了与伊拉克的海湾战争。每天都在电视上播放战争状态，美国人可以实时看到自己国家压倒性的实力。这场战争以各种方式展示了现代武器的力量，但另一方面，人们在社会中也开始感到人性的残酷。在战场上有士兵房前门上飘着黄丝带。孩子的朋友中也有这样的家庭。日本一直受到美国政治和媒体的批评，称日本没有为争取自由与民主的战争做出贡献，而日本也开始用“和平的傻瓜”一词做自我嘲讽。

我们生活在战争中的美国，当看到美国人在伊拉克作战时，我们不可避免地感到紧张和焦虑。战争从未像当时那样接近我。战争在两个月后结束，并且是以美国压倒性的胜利而告终，但昔日明亮的美国气氛再也回不来了。当时，我没想到美国在海湾战争后背负起了沉重的负担。

我于 1992 年 11 月独自回到日本，当时克林顿当选，取代了老布什总统。由于孩子们学校的事情，我的妻子和两个孩子都留在了美国。半年后，我的妻子和小女儿回国，只留下大女儿在美国。三年后大女儿顺利从高中毕业后返回日本。到此，我们在美国的家庭生活彻底告一段落。

2. 即将产生剧烈冲突的美国和日本

美国一直是世界经济的领先者。一些日本人并不总对美国抱有好感，并批评日本在政治和经济上都紧紧追随着美国。其他人则认为，收入差距是美国主导的全球主义造成的，这在美国以及欧洲和日本都成为一个严重的问题。尽管有这样的意见产生，但不可否认的是，迄今为止，日本经济的发展或多或少都与美国的利益和影响有关。

美国社会是在积极接受多样性的基础上发展起来的。对其他国家和人民的宽容，和接纳许多外国公司和移民的事实，得到人们的尊重。而这样的美国却即将发生重大改变，尤其是在特朗普总统领导下，美国将成为怎样的国家？

我希望美国将继续尊重多样性，珍惜与其他国家建立的信任关系。现在的美国也不可能像以前那样擅作主张，而是需要和其他国家谈合作。尽管特朗普总统总是在提反全球主义的贸易保护主义和孤立主义言论，但美国依然希望和别国建立可信赖的合作伙伴关系。

日本必须在利用年轻一代力量的基础上，通过迄今已存在的信任关系，在新时代与美国继续建立关系。我希望即使行政管理部门发生变化，我也愿意相信这一点，并希望以此能支撑整个国家的运转。

图 9　在索尼亚拉巴马州办公室接待森田彰夫董事长（当时）的笔者

专栏　初次出差去海外后才领略到的风土人情

我目前的工作需要经常在国内出差，也需要去往世界各地。在索尼公司工作期间，我每月需要进行一两次海外出差，加在一起每年要出国近20次。我作为商人，属于出国比较频繁的那一类，但一切事情都有第一次。

1．拉脱维亚，没人知道的地方

我第一次海外出差的目的地是拉脱维亚的里加。拉脱维亚是三个波罗的海国家中的一个小国，当时也是苏联的成员。当然，国家属于共产主义体制，地理位置在欧洲的北方，我周围几乎没有人知道这个国家。我在进公司后的第二年，也就是1979年10月，当时我32岁。

我的故事始于苏联科学院的一封要求我在大学里进行一次研究讲座的信件。收到信后，我要向公司表示自己一定要前去参加。但是，公司给我的答复却是这不属于公司的业务，因此公司无法允准这样的公差。在这种情况下，我越来越渴望前去，于是最终决定利用休年假的机会只身前往。

但是，之后公司还是答应了，这可以视为出差，因为这也将成为公司的PR（宣传）之一。当时，我们夫妇两人因为是学生期间结的婚，无法度过令人心仪的蜜月，因此妻子那边要求她的公司通过半公半私的方式承担所有费用。然后，这样的请求得到了批准。虽说这是非常激动人心的事情，但是这一次我们私人支出的部分也花了很多钱，相当于六个月以上的薪水。为了做足准备，我们决定从父母那里借钱，并让父母代我们照看未满三岁半的女儿。

首先是申请护照和签证这件事，结果却出乎意料地麻烦。可是，只要稍微想一下就能知道，因为我们将进入共产主义的国家，所以检查需要花费一些时间。在申请过程中，我们县海外旅行处的工作人员前来调查我赴苏联出差的原因，我学生期间的行为以及思想背景。在这段时间里，我正在准备演讲和出差的物品。幸运的是，我妻子的父亲去过苏联两次。根据岳父的建议，我准备了一些女士连裤袜（LL 尺寸刚好合适），一张名片大小的计算器（作为纪念品），以及杯面（作为随身物品）。

很快，我的护照和签证就准备好了，从刚刚开放的成田机场起飞。那时，要去拉脱维亚的里加，我不得不在莫斯科过夜，然后转乘苏联国内航班。在莫斯科机场，一名拿着枪的女兵突然站起来，问我要去哪里。当时，世界仍处于冷战时代，戒备森严到令人惊讶的程度。无论我们走到苏联的哪个地方，都会有“随行者（监视者？）”陪伴，但是对于像我们这样不懂俄语的人来说，这样做实在是太方便了。

2. 由于语言障碍，我们甚至无法点餐

正当我到达酒店并办理入住手续时，我去了一直想去的红场。尽管我们在电视上也看过克里姆林宫如同洋葱形状那样的屋顶，但当我站在那个地方的时候，还是非常激动。当我环顾四周时，除了我们以外没有其他人，内心有想呼喊“万岁！万岁！”那般释放的感觉。与日本的温度和时间的差异，以及时差，都是我第一次在海外的经历。但这个时候，我还没有想到即将面临的考验。

太阳在红场的一端沉下去后，渐渐凉意四起，于是我们决定返回酒店。当到达房间时，我们鼓足勇气决定吃正宗的俄罗斯美食，于是立马走向酒店餐厅。我刚坐下便被递上了菜单，可惜我根本看不懂俄语文字。虽然这也应该算是一家国际酒店，但工作人员的英语也只是一些皮毛。

就在我们一筹莫展之际，我想到了大家都很熟悉的鱼子酱和罗宋汤，于是我问有没有红黑鱼子酱。结果对方说只知道有黑色，却很少听说有红色的。我心想果然是正宗的俄罗斯餐厅，于是我折中了一下，说两者都要。等了一段时间后，出来的菜是鱼子酱、罗宋汤和鲑鱼子。值得纪念的海外第一晚，居然是在一桌桌享受热闹晚餐的俄罗斯人中吃着独属于我们自己的孤独晚餐。

晚饭迅速吃完以后，我们便速速回到了房间，但我们不仅吃得不满意，而且根本没吃饱，所以这时候我突然意识到自己早早地备好的杯面，现在正是派上用场的时候。于是，立即打电话让前台端来热水。但是，对方根本听不懂。我一说“热水”，对方便告诉我扭转浴室水龙头就可以了。于是，我连连说“喝酒喝酒”后，对方才似乎明白了意思。过了一会儿，一位俄罗斯风格的女士把热水倒进锅内送到我们这儿。这时我拿出精心准备的连裤袜送给了她，她很高兴收下便走了。看着她的背影，觉得还好自己准备的是LL尺寸的。

杯面满足了我们的胃口，于是我决定先洗个澡暖一下自己要冻僵的身体。当我进入浴室时，我对着巨大的浴缸感到惊讶不已。这里的一切都是LL大小。但是，浴缸中没有塞子。于是我又打电话给前台，像前面描述的那样，电话里还是很难解释没有浴缸塞这件事。我只有用毛巾塞住孔，在浴缸里像盘腿坐那样用我的屁股盖住它，但是根本没什么用处。

因为这样做还是无济于事，所以在冷得发抖的同时，准备拉开淋浴的绳子，心想冲个热水澡也好。可是，从喷头撒出来的除了冷水以外，根本没有热水。最终我放弃了淋浴，决定上床睡觉。从一旁看完整个经过的妻子连吐槽的力气都没有了。

第二天早上，我刚醒来，就听到有敲门声。因为我没有点任何东西，所以我惴惴不安地打开了门，结果门外站着昨晚那位女士。她端来一个看起来像装有热水的锅，还有各种茶袋、牛奶和饼干，以及一套豪华的茶具。似乎昨晚的小恩小惠起了作用。我们不需要再被满是俄语的菜单困扰，而是可以直接舒舒服服地享受这里的早餐。经历了一晚的噩梦，外加舒适的早晨，我们终于踏上了前往目的地里加的路程。

3．尽管演讲很成功

在里加机场，相关人员拿着一束鲜花迎接我们。当地大学的一对教授夫妻为我们充当俄语切换英语的口译，但是说老实话，对我这种语言能力很差的人来说，我还想要一位口译员将英语翻译成日语。这对教授夫妻在逗留期间不仅为我们提供了翻译，还提供了其他生活上的帮助。教授的研究似乎涉及很多的计算，在我送给他一个名片大小的计算器以后，他非常高兴地接受了。让教授感到惊讶的是，像求平方根这种需要手算很久的运算居然能如此轻松地解决，于是拿着计算器玩了很长时间。虽说他的妻子有点苗条，我犹豫再三，还是把LL连裤袜送给了她。

里加的旅馆是面向波罗的海的度假酒店。周围树木色彩鲜艳，偶尔有松鼠出没，是一个非常平静的地方。伴随着到达目的地后的放心，和前一日酒店的遭遇，那天晚上我睡得很香。

计划中的座谈会圆满结束。演讲嘉宾除了我以外，只有一位英国的大学教授。在我出发之前，我的演讲是用英语精心写成的，因此即使发音有些差，参与者似乎也能听懂。

一些参会的人说的是德语，或者夹杂德语的英语。其实这个地方的人说的英语口音也十分奇怪。感觉说“你能讲英语吗?”的时候，用的是德语中“Spregen”（讲）这个单词。该讲座第二天在当地报纸上发表，并附有照片。

在里加做完所有事情后，我们乘夜卧火车去了彼得格勒（现在的圣彼得堡）。当然，我们也是第一次坐这样的火车。车内是一个可容纳四个人的车厢。同车厢的其他两个俄国人根本不会说英语，但似乎对第一次遇到日本人十分感兴趣。我从他的表情中看出他仿佛在说：“你是谁?”但我不会用俄语回答他。我突然想起我在里加接受的演讲上了报，于是默默地把报纸递给了他。由于报纸上有照片，他一边打量面前的我和报纸上的照片，一边认真地读着报纸内容，时不时地还点点头。为了表示友好，我把随身携带的海藻饼干送给他们，但他们只是看了看，并没有吃到嘴里。

第二天早上，当火车顺利到达彼得格勒时，我们看到传说中的“随行人员”（苏联相关检查人员）正等待着我们。一位乘火车时同车厢的俄罗斯人把我们的行李搬到了随行人员的身边。之后，我们在酒店登记入住完，在这座城市四处观光。

数小时后当我们返回酒店时，麻烦便开始了。前台说他们没有保管我们的钥匙。当我问酒店工作人员该怎么做时，他们说需要我们先赔偿才可以进房间。我和对方就这件事争论起来，这时，他们经理打来电话说要见我们。在工作人员的引导下，我们进了经理的房间，一名看起来很像女官僚的俄罗斯女士坐在正中心的位置。我一坐到椅子上，她就开始用英语问了起来。但是，我根本不明白她所讲的内容，当时真后悔为什么自己这么缺乏语言能力。

不管对方怎么说，我仍然坐着不动，于是我便听到对方喃喃自语道："多大的人了，还像小孩那样，居然会丢了钥匙。"奇怪的是，我居然听懂了对方说的这句话。于是我的愤怒像被拧开了的开关那样："说我们像小孩？你也太没礼貌了！拜托，我们不是来观光的，而是应你们国家的邀请前来的。我跟你说，钥匙肯定是在前台那儿。你给我去找！"因为我看出对方也听得很不耐烦，于是摔门而去。也许是她被我剑拔弩张的样子吓到了，当我离开房间回到大厅，前台工作人员面带微笑客气地把钥匙递到我的手中。我看他把钥匙递给我以后，就像没事人一样试图离开，于是我恶狠狠地给他做了一个厌恶的表情。没想到这个人居然也摆出一副"不是给你找到了嘛，你还想怎样？"的表情，头也不回地走了。

此后，又遇到了各种不顺，但好歹还是安全地返回了日本。几天后，我开始收听广播中的英语会话节目。从那时起，我便一直和为我担任翻译的这对教授夫妻保持通信往来。但是几年后，随着教授的去世，我们的书信往来也就停止了。

以上便是我第一次出国旅行时的回忆。

图 10　现在莫斯科红场的样子

第六章 思路横跨文理科

一、文理科思路与工作

我作为职业人刚刚踏上职业生涯，因为迫切地需要提高业务能力，所以有必要先区分专业是文科还是理科。然而随着职业之路越走越远，自己接触的工作范畴也越来越广，随着自己业务层级的提高，最终也不能区分文理科的属性。井深大是索尼的创始人之一，他曾说过“1、10、100”法则。为了创造变革的力量，光依靠研究人员和技术人员是不够的，当然只依靠营销主管也是不行的。这时需要突破传统框架的“横跨文理”的思路。

我在刚进入产综研的时候，就接到某所大学做演讲的邀请。这个课程名称是“横跨文理”，主要面向大一、大二的学生，由学校以外的人前来担任主讲。在临讲前几天，学校突然联系我，问有没有拟定好题目。因为我想尽可能地用标新立异的题目吸引学生的目光，于是考虑良久，终于想出了“文科生是傻子吗?”这个题目。当然，我是正话反说。

我想这么一说必然会一石激起千层浪，但我没想到大学的相关老师对我说：“这个题目可能不能通过，您再想一个题目吧。”我随后联系了一位正担任大学教授的熟人，希望他能为我指点迷津，他鼓励我说：“这个题目挺好的，很有你的范儿。如果只是对方以自己的借口回避问题，那你就直接拒绝好了。”于是我立马告知对方：“如果这个题目没法通过，那这次我就取消前来做演讲的计划。”没想到对方保留了意见，说可以再商量。我等了几天，一直都没有消息，心中暗想，他们到底考虑得怎么样了。不过还好，最后对方给我的回复是：“那就拜托您了！”

在学理科的人当中，有许多人是因为文科科目十分麻烦所以才躲到理科这边。而文科科目将人、地域以及时间等等作为研究对象，每个人的研究成果都不相同。其实我觉得真要踏进文科的大门，也没那么多纠结。不过理科毕竟是研究“理论”的，人们酷爱分析细节，能够轻松统合出结果的人却少之又少。

现在有人打趣地说，理科的分支实在太过精细，导致学会数量远远超过了研究者的数量。并且，他们研究出的结果也不过是既已被人分析出的东西，所以很难将其理解为研究。这也可能是因为某些从事“生产”类型的学科，在学术方面太难深入导致的。

另一方面，文科的“文”指的是将人们相互作用的社会或经济作为研究对象。理科的人感觉这些都是文科的人做的，只管躲进自己理科的世界里就好。然而，最近的生产业、大数据以及物联网等，不仅需要数理化知识，而且在此基础上还需要拓展市场经济效益的能力，能够从事这方面研究的人才将得到充分的重视。当然，这些人的能力是非常宝贵的。但事实却绝非如此简单。理科的世界中，有很多情况是离不开文科知识的支撑作用的。

实际上，走上理科的工作岗位才能知道，在工程师职位和技术管理方面存在许多困境和权衡取舍的问题。如果不解决这些问题，自己则不能在理科业界开展工作。理科的工作越复杂，人文学科所面临的社会和经济挑战就越多。也许是人文科学的工作者们知道他们将被人索取自己的技能，所以他们虽然不会直接进入科学研究的世界，但总会等来从事理科职业的人们主动抛来的橄榄枝。从这点来看，人文科学研究的是世界中绝对重要的问题。

至于我当时打算演讲的内容，大致可以总结如下：

人们很容易认为理科工作者是这个世界上最优秀的人，但事实并非如此。一些学理科的傻瓜是非常让人不可思议的。而且，如果仔细观察一下，可以毫不夸张地说，这个世界是一个人文的社会。甚至在以技术员的身份加入公司后，人文因素也逐渐融入管理中。即使自己是一位出身理科的高级管理人员，也很少直接参与技术领域的活动。

从所学专业背景来看，东京证券交易所中一部分上市公司的最高管理层中，理科专业占30%，人文专业占70%。直到今年，这个比例都没有太大的改变。顺便说一句，日本政客中，文科出身的人占压倒性的数量。另一方面，在日本的大学生中，有30%是理科专业，而70%是人文专业。毋庸置疑，最理想的状态是兼具文理两把尚方宝剑。在科学工作进展到攻坚阶段，最需要具备的往往是文科生最擅长的化繁为简的能力。因此，我希望不仅仅向理科毕业生，同时向文科生加油打气，特别是在校文科生，祝愿你们能充满信心地学好现在所学的知识。

1. 文理分科，将渐渐失去意义

演讲当天，负责人告诉我："学生们非常紧张。如果有冒失的地方还请您多多谅解。"我看了一下，演讲大约有100名学生参加。当我自我介绍完，并问道有谁知道产综研的时候，令人惊讶的是，没有一个人举手。我佯装忽略了这件事，说了以前公司的名字并进行确认："谁知道这个公司？"然后大家纷纷举起了手。这对我来说实在是太震惊了。因为我了解到学生们是"真的"不了解产综研。尽管发生了这些情况，但长达90分钟的演讲本身还是在一种愉快的氛围中结束了。

随后的几天，秘书处将学生听讲完的调查结果发送给了我。其中有一位评论说："文科不是愚蠢的！"我一方面觉得有些人并没有真正听懂我的意思，另一方面为自己无意中伤害到了一些学生感到遗憾。

演讲结束后，负责老师告诉我，他想到的不是只让文科与这所大学的理科"融为一体"，而是人文学科的目标是与理科产生"共鸣"的。说真的，我完全同意他的说法。

作为索尼创始人之一的井深大曾在讲解"1、10、100"法则时描述道，假如将苦思冥想得出某个商品样式方案所付出的努力看作是1，那么能够让商品因此量产的努力就是10，让事业和销量蒸蒸日上，最终给出很好的成绩就需要100的努力。这些解释被我的徒弟称为井深大的"1、10、100"法则。这个法则也可以解释成，从研究到技术，再到改革的进展中，除了研究和技术之外的力量（比如文科的力量）也是不可或缺的。我想这句话，对于某些异想天开的开发和技术人员来说，既是激励，也是警示。

其实从1到10是可以通过技术者完成的，然而接下来的道路，仅仅通过开发、设计和生产是完全行不通的。为了实现100，销售、市场以及管理，这些在没什么经验的技术者眼里完全没关系的专业，却有必要参与进来共同创造价值。为了改革，只通过研究者或者技术人员都是不行的，也就是说，只有理科的世界，万事都行不通。与其说这个阶段已经超越了彼此的“共鸣”，倒不如说是“共同创造”的局面。

最近，人们过分地担心年轻人不爱学习理科，也是被迫削减文科课程，使他们纷纷转向理科的学习。但这会导致什么样的局面呢？在许多情况下，如此沉浸在理科的世界中不能自拔，人们很容易被擅长打交道的文科人才遮掩锋芒。其实，连我都担心，产综研是否也有类似脆弱的一面。原本为了产生“共鸣”，物体必须具有固有的频率。在“共同创造”中，不分文理，最重要的是要拥有自我意识和相应的专业知识与专业精神。

本书的读者中，可能有些来自人文领域，比如所谓的管理或销售，或是做着技术领域的工作，例如开发或设计，或者是其他各个领域。有些从事商人职业的人，在工作一段时间后，仍可以按照人文、科学或者文书、技术等分类。但是，随着工作范围的扩大和工作内容的日益复杂，比如进入了管理领域，那么这种划分将变得毫无意义。

在大多数情况下，如果没有行政和技术领域的专业知识和经验的结合，就无法解决问题。任何行业都一样，创建新产品和服务，以及推动新事业发展的过程，将或多或少采用这种形式。这正是所谓的文理共创的世界。

2. 从技术到经营，再到研究者的职业生涯道路

我自己就是文理共创理念的亲身经历者。我的职业生涯始

于 1977 年 4 月，当时我加入索尼，完成了东北大学工程学院的博士学位课程，并由自己的老师介绍进了索尼公司。在当今时代，只有少数人在完成博士课程后加入私人公司，其实这在当时更是罕见，所以当时进公司的只有我一个人。

当时，索尼有一个中央实验室，总部也有一个开发部门。我自己作为一名博士，心理盘算着到底会把我放到哪个地方任职的时候，上面下发的命令是将我派往仙台附近多贺城的事务所。我是在读研究生期间结的婚，当时住在我妻子老家。后来我才知道原来当时我的老师对此表示关注，并鼓励我进入索尼避免搬迁麻烦。不知情的我对于在仙台的这份工作感到失望透顶。除了强烈地希望能在东京工作的愿望外，我的状态像极了《海螺小姐》中企图挣脱现实的“鳟夫的状态”。

进入公司后，我被上级派去开发金属带。索尼在仙台设有磁性产品和电子元件两个开发部门。如前所述，我在研究生院的专业是资源工程，研究可以作为人造矿物的陶瓷材料。我原本希望从事与我专业相近的电子元件的开发，但这个想法终究没能实现。我的部门归属于磁条开发部门，开发作为高密度磁力记录技术的金属带。

其实这项工作，与我的专业领域完全不同。而且这也是一些工程师终究没有挑战成功的艰难课题。当时十分倔强的我以为这是公司故意测试我自身能力的伎俩。但另一方面，我觉得自己已经是博士了，心想："这种事我肯定三下五除二就能做好。"于是着手准备做开发。

说起棒球，我会很自豪地说，我曾在加入棒球队的那一年，一下子连赢了20场，但是在进入公司后，我花了8年的时间才获得了开发金属胶带工作中的第一次胜利。尽管如此，我还是很幸运。当时，索尼一直在运营公司8 mm录像带的开发，然而金属带被定位为最重要的设备，并为此投入了源源不断的人才。这些人才中，有一些人甚至没有上过大学，但是实验的准确性是出类拔萃的。在开发这种金属胶带的过程中，我意识到自己的知识是多么有限，并觉得我的自信是没有根据的。同时，我自己也意识到朋友对自身的发展很重要。

当开发有了眉目之后，下一个挑战便是大规模生产，或者说是商业化。为此，我亲身经历如前所述的"1、10、100"法则。我和销售、市场以及管理等这些看似不同专业的文科人才一起工作，并一起创造价值，不断朝着商业化的方向努力，终于一举拿下了"初步的胜利"。这场胜利对我来说意义重大。这不仅仅是开发的成功，而且可以一口气让我体验1、10和100的整个过程。

借此机会，我不仅开始负责技术人员的工作，而且还负责技术管理。然而，该领域一直是生产磁性产品，而索尼从来都不做徒有其表的产品，而是致力于支持视频和音频设备的稳扎稳打的一线业务。可是，这个地方是仙台。该地区的非主流性质可能已经塑造了我的业务骨架。我注意到了很多事情，可能因为我没有在中心开发一些只做表面功夫的产品。开发工作有时很孤单。如果做的产品不能成为众人瞩目的焦点，那情形就更糟糕了。

在这种时候，我的上司鼓励并一直支持我。并且老板会主动到我的办公桌前询问开发的进度，这让我的工作瞬间变得十分有动力，毕竟业务经理能从总部亲自过来问我，单凭这一点，也足以让我动力十足地投入更多精力到工作中。索尼当时说："老板的脚步声音是技术人员们工作的肥料。"从开发的角度来看，的确如此。而我如今成了开发经理，我也会经常在公司内走来走去，让我的下属听到我的脚步声。

同时，如第四章中介绍的那样，我在1989年被突然转移到美国亚拉巴马州多森的一个磁带工厂。事实证明，这一次正是检测了我从技术人员到管理人员的成长期，但是当时我很沮丧地认为："是不是企业不再需要我这样的技术人员了？"在当时，全球化正在迅速发展。如何进行海外开发和批量生产是索尼的主要问题。我们与当地的和日本的员工一起努力解决了这个问题。即使我被美国南部的英语折磨得要死，也不可否认这是一项意义重大的工作。1992年，我被要求返回总部。

3. 从技术人员到管理者

回国后，我的职业生涯已从技术人员转变为管理者。这是我第一次在总部工作，也是我第一次住在东京。我的工作从开发和生产管理转为业务经理。途中，我患了严重的疾病，使我为死亡做好了准备，但幸运的是，我康复了，最终不仅可以查看磁性产品，而且还能查看常规的电子组件和相关技术。此时，电子行业正处于从模拟到数字的重要过渡阶段。从负责零件的职位开始，我急于精简现有业务，将领域转移至成长型事业，并努力开展新业务。

有一天，出井董事长要求我任命下一任总经理。不管我的气场有多强烈，我都无法马上回答这个问题。索尼的业务远不止我所经历的这些，所以我对此事并不自信。但是，索尼当时最大的挑战是重建电子业务。索尼，这家倡导技术的公司突然处于严峻形势。作为一名成员，我不能坐视不管。技术人员更是此次更新的核心，所以我认为自己必须以技术人员出身的经理的立场冲在最前面。

在 2005 年 6 月，我与董事长霍华德·斯金格一起进入索尼管理层担任总裁一职。霍华德在媒体和电影行业的职业生涯，与我在产品开发和制造领域的职业生涯之间产生了协同效应。我认为，重建电子业务的关键，是从客户角度开发产品，提高技术能力，并加强现场运营。为此我不断前去开发一线，鼓励技术人员，检查生产车间和物流基建的运营，并专注于捕捉市场中的客户观点。同时，索尼有很多人进行创新和新业务的拓展。我觉得，管理层的工作虽忙碌，但是与员工们一起开展是一件很有趣的事。

全公司的努力终于获得了回报，电子业务也曾经创下了有史以来最高的利润，并且有机 EL（电子发光技术）电视的商业化发展已经实现，但是，在电视业务低迷的情况下铤而走险地生存了下来。另外，锂离子电池的问题不断加剧。公司遭到了外部的批评，例如“技术定位太强”和“由于强调硬件而忽略了软件”。尽管如此，索尼还是一家电子公司，而技术人员努力工作和创新的“技术索尼”已经融入索尼的 DNA，这种想法是无法被摒弃的。

此后，业务绩效持续恶化，我们最终不得不裁员。对于我来说，自己是从工厂开始索尼生活的，现在要我在工厂内裁员，这对我来说是很痛苦的。我一直在摸索有没有更好的处理办法，但公司外部的人批评我们裁员太慢、太吞吞吐吐，阻碍了业务的迅速恢复。现在回想起来，当时有很多应该做好的事情要做。但是管理要的是结果。2009 年 4 月，我辞去了总裁一职。

4. 作为研究员的再次醒悟

在担任索尼副董事长之后，2013 年 4 月，我成了产综研的现任理事长。当我从研究生院毕业时，我本想留在大学当研究员。如果当时实现了这个想法，那我可能早已经走上了研究者之路，但实际上我之后一直在一家私人公司工作，并没有成为研究者。然而我仍然有幸负责与研究人员紧密合作并管理实验室。当我进入筑波的研究中心时，我有种突然被研究员的使命感唤醒过来的幻觉。

产综研做的是可以投入公司生产的种子技术，并进行公司无法完成的基础研究。与公司不同，它们不会被销售或利润所取代，但是研究成果却可以投入公司的商业化发展，并最终回报社会。从大方面来看，这个方向没有错。当前这个职位的优势之一是，与公司相比，它可以从长期和宏观角度从事研发活动。

产综研在其他各地方也有研究的分部。如果说索尼时代的我在全球各地到处出差，那么现在的我则多半奔波于地方之间。通过这样的机会，我和企业的代表以及正从事科研工作的研究人员交谈了许多。我出生在日本东北地区的一个农村，并在仙台学习成长。虽然没有实现立马从事研究工作的愿望，但是通过商场的磨炼，如今又再次回到研究人员的工作岗位。

人生对于我而言，就像一个周而复始的循环一样，我历经了许多，最终又回到了研究领域的起点。我有幸通过产综研这个平台，可以和研究人员一起努力考虑如何为日本社会做出贡献并加以实施。

二、CTO 需完成技术拼图

如果你是学理科的人，那么是怎样的契机使你走上理科道路的呢？我想要么就是你擅长算术，要么就是理科的老师十分有趣等等琐碎的理由。那么，当你决定学理科之后，你有没有决定要做怎样的职业生涯规划呢？我想可能有很多人要么希望做诺贝尔奖获得者，要么希望做学校里的老师、医生、工程师等等。虽说这些梦想一旦进了企业都不太容易实现，但是，值得瞩目的是企业也有企业特有的魅力。这就是可以做 CTO——最高技术负责人。CTO 负责将技术重新组合，并将技术基础转换为企业战略，逐步投入实际中。

一般理科生进入企业，大体有三条人们常走的路：第一是利用在大学学习的知识从事科研工作。那么，这样工作的最终目标便是企业中央研究所的所长。第二是担任事业部的工作。毕竟生产商最终希望通过新产品来打开市场，他最好能够成为事业部部长，指挥开发吸引人眼球的商品。第三和科研工作没太大关系，一般只从事经营工作。

大家可以从第一至第三条道路中积累许多不同的经验。然而，技术性的贡献从第一条到第三条依次递减。经营干部的工作一般不会关注产品技术的细节。顺便说一句，其实我非常希望纯粹走第一条道路。

近年来，作为经营者，CEO（最高经营负责人）和 CFO（最高财务负责人）以及 CTO（最高技术负责人）的职务被大众熟知。CEO 也好，CFO 也罢，即使他们不一定是技术者，但是 CTO 在技术的领域，一定是像 CEO 一般，不断提出战略部署并在工作中逐一实现。日本曾有“技术人员的顶层”这一说法，就和这样的职务如出一辙。

我上一份工作在技术领域钻研得较多，却很少有作为 CTO 的经验。但实际上作为技术出身的经营者，我可能一直都在发挥着 CTO 的作用。带着这些经验和教训，我希望好好回想一下自己眼中的 CTO 是什么样子的。

1. CTO 负责拼装一张完整的图纸

首先，如果你被任命为 CTO，你会怎么做呢？我想你最开始应当设定好自己的目标。比如对技术人员而言，在自己公司内实现怎样的技术开发，并确定期限和方法。其次，必须通过优良的体制逐步实现这些想法。大多数情况是，为了实现目标，只通过自家企业的核心技术是不能独当一面的。当然，来自外部的合作显得非常必要。为了建筑研究开发体制，必须摸清企业内的技术能力，并很好地把握实际状态。也就是说，要时常知晓自身的长短板。

对于公司内部最重要的技术调度，是CTO必须具备的能力。比如有哪些方法可以从外部获取资源，有哪些方面值得新技术的引入。同时要能决定实现目标的难易程度，新型开发的度该如何把握。时至今日，和公司外部的联盟，打开流通的市场平台已经如火如荼地进行着。当然这一切还是旨在提升开发速度，削减生产成本。

比如说，CTO为了完成技术拼图，首先需要把自己的碎片拼装好，不足之处需要向公司外部索取，如果仍然不能填补空缺则需要自己开发新的碎片。CTO，便是完成技术拼图的第一负责人。

我们可以通过这样的途径，完成新产品、新服务项目的开发，并回归市场，而消费者更多关注的还是产品的性能与价格。另一方面，公司内部更多关注的是一个产品能否带来实际利益。CTO工作的显性成果就在于产品的性能、成本、利益等管理工作。虽说目标明确，但实际操作难度却大。

因为在开发过程中需要重复多次的运行失败，所以需要更好的管理和改善措施。特别让人困惑的是已经努力打造的核心技术突然遭遇挫折的情况。那么，作为CTO，在面对是要进展下去，还是中途放弃，这种大是大非的问题时，就必须拿出独当一面的过人胆识和能力。我在进入公司后所面对的课题中，有一项就花了8年的时间，现在回想起来前面6年的时间基本上都被我自己耽误掉了。在技术人员中，其实很多时候都会犯这种错误。像我这种情况，虽然犯了错误但好歹有产品问世，多少还说得过去，而现实生活中有许多技术在发展的途中就被放弃，并被雪藏起来。

虽说开发的成果白白浪费掉的背景中，也有许多技术从业人员自身的问题。然而，不光是我前面说过的自给自足的问题，在产品开发期间日本的企业比较容易鼠目寸光。其实企业的实际调查问卷的结果显示，企业内部单独开发的比例占70%，而这其中有60%的成果无法投入实际生产，并最终被雪藏起来。越是研究人员众多的企业，这种倾向就越是明显。

从企业研究开发的实际经费来看，有90%投入到了对已有技术的改良，而市场开拓，以及非连续型的研究只占到10%不到的比例。因为企业不仅仅需要短期成果的体现，更需要产品链的精简，并担心中长线投资复杂多样化的风险。从这样的情况来看，如今公司外部的联手公开合作平台显得十分必要。从最近的高端技术发展，和开发速度增快的方面来看，CTO的职责相比之前显得更复杂，挑战性也变得更大。

2. CTO 是指挥企业改革的先驱者

那么，CTO 的工作应当交给什么样的人来做呢？我想到了以下几点：

（1）首先必须是一个“忠实的战略者”。技术人员偶尔会说假话。所以，CTO 必须能识破这些谎言，并可以心无旁骛地投入实际的决策中。

（2）具有过人的经验和胆识。这是聚拢技术人员的必要武器。但 CTO 不需要把自己弄得像全能运动员那样。

（3）能够张罗外部联系网。这不仅需要及时联络外部人员，而且对自身企业技术的标准制定也能起到作用。

（4）经常关心社会和经济动向。这也是技术领域的一个核心武器。

（5）相比于做一个优秀的发明家，倒不如能够连接各发明之间的关系，并能与各种人才合作。

（6）对科学技术或者研究开发活动中的哲学（之类的）问题了如指掌。当然，企业提供的产品和服务首先不能破坏公共秩序，同时需要经常想到企业能否为社会带来真正的价值。这与技术者自身的做人品质直接挂钩。

另一方面，人们对 CTO 这个工作一直存在许多误会。比如，最典型的就是，人们总爱幻想CTO应当是工作的全能型人才。如（2）当中表述的那样，CTO虽然能在某一项领域内出类拔萃，但却没必要做全能型的选手。原本现实当中就没有全能型的人才。CTO只不过是要为改革确保人才的发现和培养，并非改革的主体。其实这样的误会也会经常出现在CTO当中，即所谓“CTO的陷阱”。

CTO亲身指挥，并从技术者集团内诞生的新技术，如果对于企业或者社会有作用，那么变成产品化、事业化便指日可待。如同井深先生提出的“1、10、100”法则，技术人员的力量是不能独当一面的，还需要市场与营销等等文科的力量，只有文理联手才可以将技术真正投入到运营中。

索尼过去曾出现过名副其实的CTO——木原信敏先生。木原总能在井深嘀咕“要是这个也能弄出来就好了”之后，立马给出相应的成果。所以我们总能听到井深对木原的工作极其满意的话语。当然，在这样的切磋中诞生了许多新的优良商品。如果说CEO是为企业画大饼的人，CFO执掌企业的财政大权，那么CTO就是揭开技术谜团的人。

三、应当怎样利用机器人和人工智能?

当下人们对于机器人和人工智能的关心居高不下。报纸杂志、电视、网络上都在报道相关的信息，我们无时无刻不接受着这样的报道。所谓机器人和人工智能，是能实实在在地给人类生活带来帮助的技术。另一方面，随着机器人和人工智能的发展，也有人担心人类最终会被剥夺自身的工作。其实，随着技术的开发，有些工作确实无法继续存在。其实过去也反复发生着这样的事情，接下来开展的有关机器人以及人工智能的项目将会带来更大的冲击。然而，很好地利用机器人与人工智能技能，则不光能使人们发挥本身的创造力，而且能为人类担任更高强度的工作。

产综研与企业合作开发了一种名为“Mahoro”的机器人。尽管它被称为通用类人型机器人，但从某种意义上说，它只是类人型机器人，对应人类令其执行的各种动作，表现看起来一点也不像人类。这样的机器人具有多关节臂和精确多样运动的能力。其主要是用于新药开发和基因分析等生命科学领域。产综研旗下的一家新兴公司已开始销售这个系统。

以机器人研发为工作中心的产综研研究人员，原本专攻的是蛋白质领域的研究。所谓对蛋白质的分析，需要大量的手动工作，包括一项称为“移液”的任务，这对研究人员来说需要花费大量的时间和精力。此外，还有接触强效药物或细菌的危险。由于人工操作的限制性，实验结果可能会有些瑕疵，因此很难确保此类重复实验的可靠性。

研究人员说，这种情况将伴有强烈的危机意识。如果这种状况一直持续下去，那么优秀的研究人员将花费大量的时间和精力进行实验，这样他们将没有时间进行创造性的研究活动。此外，生物危害的危险性，使青年人才无法从生命科学研究中发展自身的能力。研究人员在这些想法下，开发了一种机器人项目，该实验过程可以逐步自动化。确实，“必要性乃发明之母”。

以这位研究人员为核心，最终开发出的机器人的主要特点如下：

（1）确保可以执行实验室中大多数人员能够做出的动作。

（2）可以重复工作并继续进行长时间的实验。

（3）可以在各种环境中进行实验。例如，它甚至可以在无氧条件下运行，并且可以用于处理强效药物和细菌的领域。

（4）由于其不依赖于人的手，因此大大提高了实验精度。

（5）如果此机器人使用相同的命令从事操作，则可以在全球范围内执行相同的实验。

（6）如果在云环境中联网，则可以在远离实验室的地方（例如在家中）进行研究活动。

1. 不能让机器人与人类竞争

他对机器人开发，未来如何使用机器人和人工智能，提出了许多建设性的意见。这些思想的基础是充分发挥人类的能力，而不是让机器人与人类竞争。与人类共存共创是开发工作的主旨。如果能够创造出比人类做得更好的机器人，那么就应该将其打造出来，并且如果出现了功能强大的机器人，人类就不必做繁重的体力工作。这可以使人类从某种劳动中解放出来。这样，我们可以利用人类的原始创造力来执行更高级的任务。

他所描述的机器人的世界是人类与机器人共存的世界，在其中实现与人类的协作。我非常同意这个想法。如果机器人具有人工智能，执行人类任务并融入人类生活，则必须建立共生概念并制定规则。我希望就这一点将来能与专家进一步讨论，但就我个人而言，我认为以下的想法也很重要。

首先要认识到的是，机器人和人工智能只能为人类代班，而不能代替人类。随着机器人变得越来越复杂，并且内置了人工智能，机器人可以完成的工作范围将进一步扩大。

人们梦想有一天能够出现取代整个人类的机器人，例如科幻小说中出现的机器人，并期望它们成为未来的象征。但是，无论机器人和人工智能发展得多先进，它们都不太可能具有与人类相同的情感并形成人类的个性。

例如，如果可以使具有出色人工智能的护理机器人变得足够安全，那么该机器人不仅可以完成护理的所有任务，而且可以完全充当护理的作用吗？其实，护理不仅仅是身体上擦拭、翻身或换尿布。有人指出，在护理工作中可以使用机器人来减轻护理人员的负担，但是对于护理人员而言，护理人员温暖的双手、微笑和言语也很重要。所以，这项工作是在人与人的互动之中展开的。

有关研究人员担心，错误地使用机器人和人工智能，将会出现“令人不愉快的结局”，害怕人类放弃自己需要做的事情，严重依赖机器人和人工智能，并让机器人模仿人类的方式行事。他们也担心人类在交流上也依赖机器人。沟通本质上是人类在识别彼此性格的同时进行的一种行为，它与单纯的询问与答疑不同，这些仅仅是响应呼叫的问题。如果我们的认知有误，则会出现误用机器人和人工智能的局面。

人类本能地执行表现为身体力量、精神力量、情感和情绪性的行为，例如艺术和运动，都是人类独有的活动。不管机器人作画的技艺多么复杂，或者人工智能创作的小说有多有趣，都不可以将其视为与当今的艺术和文学等同。我在观看奥运会时曾想过，如果一台精心制作的仿人机器人在 9 秒以内跑了 100 米，即使观众会赞叹技术的进步，这个速度也不会给人留下深刻的印象。在奥林匹克运动会和体育界，挑战身体极限所获得的技能和能力才能给人们留下深刻的印象。

机器人和人工智能也将进入商业、研究和教育领域。未来，这些领域将发生巨大变化，但是在每个领域中，人类需要做的事情从本质上看是没有变化的。创建组织并分配合适的人员，发挥领导能力带领团队，指导下属和学生以及协调关系是只有人类才能做的动作。至少从人类历史上看，可以得出这样的结论。

2. 机器人与人的共存问题仍然在入门阶段

不论是使用机器人，还是人工智能，他们能够工作的区域越窄，相对来说，人类的优势就越大。从工厂使用的机器人比人类的效率要高得多的事实可以明显看出这一点。甚至前文说到的 Mahoro 机器人在生命科学实验室的工作领域也获得了充分的优势。

2016 年，由一家英国公司在 Google 的旗下开发的名为“Alpha Go（阿尔法狗）”的人工智能赢了韩国的李世多这位九段围棋选手。据说他在当时是世界上最强的选手，然而在与 Alpha Go 的比赛中却以 4 败 1 胜，立马成为一个话题。许多人认为“人工智能很可怕”，但是我认为 Alpha Go 的发展只将其工作范围限制在围棋的游戏中，并且进行了深入的研究。可以说，Alpha Go 已经能够通过诸如基于过去游戏记录的数据库等的深度学习之类的技术来改善其性能，并且使人工智能之间可以展开竞争。

我们现在仿佛正站在人、机器人和人工智能的共存的入口处。现在，迫切需要为未来创建一个概念，然后创建规则并改善环境。在各个领域，如果明确了机器人和人工智能的使用范围，并确立了人类角色和职责，则可以创造出两者的最佳组合。如果机器人和人工智能可以在短时间内产生类似的人工产物，那么传统活动所需的时间就会减少，人类就可以在另一个世界中展示自己的能力，这不仅将有助于商业，而且还将促进艺术、文化和体育的发展。人类可以享受“更多的时间”，并为改善工作与生活的平衡做出更多的贡献，从这方面看，这已成为一个社会问题。

另一方面，令人担忧的是，机器人和人工智能的发展可能会剥夺人类的工作。民间的实验室报告称，在未来的10到20年内，如今49％的职业将被机器人和人工智能取代。确实有一些工作因技术进步而无法存在。到现在为止，由于技术的发展，一些工作已经从社会上消失了，但是人们认为，由机器人和人工智能的发展而引起的变化将是过去发生的变化中从未看到过的。

但是，在过去的几十年中，我们学到了很多东西，并且大大提高了我们预测未来的能力。我当然已经具备思考技术发展将会发生什么变化的能力。不仅有的工作将会消失，但同时也会有新的工作产生，甚至可能创造一个新兴的行业。

机器人和人工智能是可以丰富人类生活的技术。为了使人类从事更具创造性的工作，不仅要从技术和经济角度，而且要从社会角度考虑如何使用它。对未来负责是我们人类共同的责任。

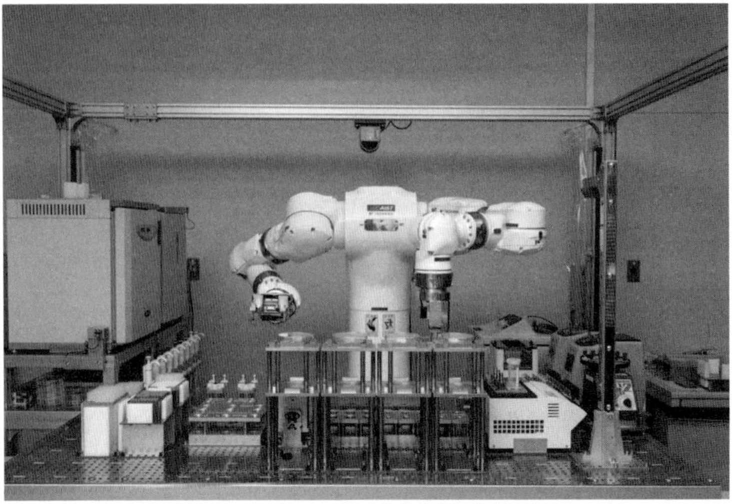

图 11　产综研和企业共同开发的可多样高精度重复作业的通用类人型机器人“Mahoro”

四、左右未来前途的科学的力量

我们如今的社会，沐浴在科学的光环之下。为了实现众人期待的产品和理念，新技术开发正全力以赴地工作在一线。正如技术可以为消费者的生活带来便利性那样，未来的发展也掌控在科学的领域发展中。然而，伴随着废弃物引发的公害和资源枯竭等问题，科技是否会给未来造成不利的影响等悬而未决的问题也引起了人们的关注。其实真正能够解决这些问题的有力策略，还是需要依托科技的力量引领创造和改革。未来将如何发展，科学界的责任是非常重大的。

《报知新闻》在 1901 年（明治三十四年）1 月 2 日和 3 日两天以内，刊登了题为《20 世纪的预言》的文章。具体预测了接下来在 100 年以内可能产生的科学进步的例子。在刊登的内容中，像无线电话、远距离传递照片、7 天之内环游世界一周，还有不知寒暑等，都通过彩色传真、坐飞机去国外旅游的普及以及空调的产生在 20 世纪内统统实现。在文章的末尾写的这 23 项预言，结果已经实现了 13 项。另一方面，野兽的灭绝、蚊虫跳蚤的灭绝、五大陆之间实现铁路互通、台风防控、人类和动物自由通话等 7 项至今仍没有实现。

在这篇文章刊登过了 60 年左右的 1960 年（昭和三十五年），当时又对即将迎来 21 世纪的 2000 年为止日本的科学技术会发展到什么地步，在新刊行的书籍中做出了预测。当时的科学技术厅厅长中曾根康指出，这本书是专家写的。在书的开头中曾根还自信地写到，人们会面向新世纪这座巨峰，利用接下来的 40 年时间不断向上攀登，并最终到达顶峰。

这本书的书名为《面向 21 世纪的阶梯》，在首版发行差不多50年后的2013年再次出版。NHK也对此书做了相应的报道。我也像乘坐“时光机器”一般，仿佛回到了半个世纪前，通过这两个版本，饶有兴致地体会了一下在半个世纪之前的人们是怎么预测未来的情形。书的腰封上写着“东京往返大阪只要1小时?”“电话可以放在口袋里?”“太阳能可以被利用?”“可以在小行星上建立都市?”等等。据某个咨询团队调查统计，在这本书里罗列的135项未来科技的预测中，有40%，也就是54项已经成功实现了。

以手机为主，像网络、海水淡化、人工授精等多数被实现并普及开来的实例，像台风的防控、法院判决的自动形成、地铁的消失以及人工冬眠等等，均没有实现。引人关注的是，1901年发行的《20世纪的预言》中提及的台风防控技术，在差不多60年之后由于没有实现，所以将内容再一次写进书里。虽说这项控制自然的技术横跨了100年的发展，至今仍然没有实现。

1. 现在没有形成技术改革的深厚背景

另一方面，过去40年无法预料的新技术层出不穷。在20世纪70年代末期，我加入索尼公司时，索尼正在挑战诸如“无胶卷相机”之类的新技术，我也参加了其中一些项目。结果虽然得到了“Mavia”（磁性摄像机）这个实验成果，但由于依赖模拟技术以及分辨率极低，因此未能成功作为商品出售。然而，众所周知，该想法后来被实现为数码相机，并且现在被用在智能手机当中。同时还发布了CD，以及相关的新产品，例如DVD和使用DVD的游戏机。数字音频播放器等可以想象是当时这项开发的延伸，不过当时我们无法想象的是，后来居然会出现汽车导航和互联网技术。

说得粗糙一点，对于当时的我们来说，“如果我们能够做到那可真是了不起，但估计我们做不到”的东西完全就是“梦想”，而“虽然努力做还是能做出来，但就是要花时间”的情况，已经算很接近“现实”的情况。实际上，在索尼，“现实”的课题会立即变成一个项目。问题在于有些课题被直接认为“不可能实现”。当然，一旦外围技术到位，“不可能”将变为“万一能实现”。当这种情况发生，同一个行业中的所有公司都会摩拳擦掌地抢占先机，进而一起走向“现实”。

这里很重要的是，有些我们自己认为“如果我们能够做到那可真是了不起”的产品和理念。这基本上是基于我们的“强烈期望”而产生的。从严寒酷暑中解脱出来，让我们随时随地可以与任何人交谈的电话以及让人可以即刻烹饪的炊具在当时是“强烈期望”的典型。如果可以将这种“强烈期望”很好地表达成技术要点，那么相应的产品规格也将得到确定。这样便可以设定开发目标并从事研发项目。近年来，没有重大创新的事实的确令人惊讶，我在想是不是和人们不大有强烈期望有关。

在创新改革的世界中，“必要性是发明之母”。而且，由于有些发明有事先做假定的必要性，因此这种情况也可以称为“发明是必要性的源泉”。用现代术语来说，创新是根源与需求之间的匹配。但是，以这种方式实现的创新改革并不完整，而是先由创新作为触媒，进而形成新的根源和需求。

2. 现在的科学有没有服务于社会

稍许把时间轴往回拉一些，当时 DDT（滴滴涕）的发明确实减少了因为昆虫引起的小动物的疾病。但是，滴滴涕不仅影响昆虫，还影响小鸟。《寂静的春天》（蕾切尔·卡逊著）中便有所描述。二战后，日本通过新技术实现了经济高速增长，但却相应地造成了一些污染问题。从那以后，通过评估工作进行相应的分析和信息的公布，目的是防止再次发生此类悲剧，使得牵制与平衡相比以前得到了很大的改善。但是，隐藏对自己不利，只公开有益于自己信息的趋势并没有消失。即使到现在，这样的事实仍然层出不穷。这绝不是我个人情绪悲观才这么说的。

在我之前的工作中，我作为技术人员的工作范围包括产品开发、材料开发和生产技术开发。技术人员与市场人员讨论了如何使用开发的产品以及这些产品将给消费者带来什么好处，并将精心准备的产品推向市场。另一方面，当被问及是否认真考虑已开发产品对消费者的负面影响时，我们很难承认说："有！"

也就是说，我们并不在乎我们开发的产品何时被丢弃，何时考虑回收开发材料所用的资源。成为总经理后，我开始对这些事情进行更深入的思考，并对商业与社会之间的关系承担起自己的责任。

科学家和技术人员虽然不会撒谎，但他们也不会将所有的事情和盘托出。另外，在我们周围，总是有太多鱼龙混杂的信息散布在网络上，这使得我们很难判断什么才是客观真实的。网络信息的强大传播性，伴随着骗局也会迅速传播的危险。我们拥有的信息越多，就越难决定要根据哪些信息做出决定，而错误判断的情况也会随之增多。这些现象可以让我们知道为何声誉受损的事不容易解决。

如前所述，预测未来的关键取决于人们的期望，但重要的是要研究"这些期望是否会对未来社会有帮助"。科学最终必须是"为社会服务的科学"，而不是科学家自我娱乐的科学。同样从这个角度考虑，人们确实迫切地希望科学的进步要透明而且始终吸收社会的意见。

研究越复杂和多样化，评估过程就越复杂。在过去，有人提出了有关超级计算机发展的问题：“是否有必要瞄准世界第一？第二就不可以了吗?”并一下成为人们关注的焦点。如果我们仅仅解释发展的目的就是追求最先进的研究的话，那么我们就不能轻易获得社会的理解。尽管这样的讨论在不知不觉间消失了，但科学却更应该从社会科学的角度来讨论。

的确，当今我们的社会受益于许多先进技术。但是，只一味追求走在前列是毫无意义的。科学的梦想必须通过约束着的欲望，也就是所谓的“共同的利益”的大方向来实现。我相信“共同的利益”一定来自科学、社会与自然之间的和谐。

从历史上可以清楚地看出，当一个国家成为战争或冲突的一方时，人们对于科学研究的评价是最短视的。在这种情况下，不仅政府，而且人民都有可能变得目光短浅。科学家必须从长远的角度提出自己的意见。这是自然科学和社会科学领域的研究人员的使命。

我并不是说科学是全能的，但我认为解决社会问题的强大力量应当依托科学的想象力和变革力量。如果社会科学在维护自然科学的健康发展中发挥作用，那么自然科学将突破社会科学的局限和障碍。科学的力量以及科学家和技术人员的作用将是巨大的。

图 12　产综研筑波中心内牛顿的苹果树

专栏　万众瞩目的制陶技术

智能手机里平均会使用两三个陶瓷蓄电池。蓄电池是能够储蓄并释放电能的零部件。虽然陶瓷蓄电池看起来很小，但倘若没有这个零部件，那么掌上智能通信设备这项技术将无法实现。制陶技术轻便，刚性极高，耐热性也高，所以不光是陶瓷或者电子器械，就连机械部件、菜刀或者剪刀等，已经存在于我们现如今的日常生活中。

稍许说一些过去的事情。我在学生时代曾经从事过磁性材料的开发研究。简单介绍一点专业知识，将镍、亚铅以及铁等混合物质按一定比例溶于硫酸盐溶液，再放入碱性环境中时，瞬间会产生许多黑色沉淀物质。这又叫作高压灭菌的过程，也就是说在内部加入可以达到高温高压的阀门装置，通过调节pH值、温度、时间，不断加热熟化，再对粒子的大小加以控制。像这样得到的微粒子，称为镍锌铁氧体的磁石，实际上是已经得到高度提纯的物质。接下来将这些微粒子放入成型的容器中制成粉末状，再加入电炉内，加以温度和时间的控制烧结。最后通过各种测试材料检测出透磁率（容易成为磁石的概率）以及周期数依赖性。这也是我硕士课程中的实验之一。微粒子的尺寸一般在几纳米以内，所以也算是时下所说的纳米技术的挑战领域之一。

研究中最重要的是，烧结而成的每个粒子不能过大，所以需要抑制其成长，同时烧成后仍需要提高密度等。烧结而成的镍锌铁氧体的密度越大，透磁率则越高，相对地就越容易成为高强度的磁石。结晶的粒子半径（粒子的大小）越小，则周期数特性就越好。然而在透磁率和周期性的关系中，也存在着透磁率越高则周期性越差的反比例情况，这个问题至今都没能破解。学术界用人名将这一现象定义为“史奈克极限”。我便希望挑战这种高压灭菌中让高透磁率和良好周期性同时存在的项目。

于是我每天都在过着这种通过变换条件，不断地向反应炉内投放试验样品，然后在旁边躺在一把折叠椅上等时间到了再把反应物拿出来的生活。虽说总是得不到想要的结果，但是每次实验都让我迫不及待地希望这一次一定能成功，一定能得到想要的性能。每一次躺在折叠椅上等待成果的过程，对于我而言都是如梦幻般极其浪漫的时刻。与我同样从事这项科研的还有当时挑战“史奈克极限”的名古屋工业技术试验所（现在是产综研中部中心）的工作人员，我们相互竞争同一个课题。也就在当时，我加入了粉体粉末冶金协会。

1．从过去至今日不断生成的附加值

在这样的过程中得到的成果，我们称为制陶技术。我通过在学生时代对制陶技术的研究，对于陶瓷制品有着特殊的情分。国内的陶瓷工艺品自不必说，对于国外的陶瓷我也饶有兴趣，会为此经常去逛美术馆。

虽然人们总爱说陶瓷品，但其实陶器和瓷器是不同的品种。敲打陶器时，反馈的是闷闷的声响，其透明度极低。比如美浓烧、益子烧、信乐烧、备前烧等等，全国各地都在生产。另一方面，瓷器在拍打的时候会产生金属一般高亢的声音。因为瓷器的材质极其细密，材质越薄，声音就越通透，有田烧、九谷烧等，就是典型的例子。

之前的名古屋工业技术试验所的前身就是陶瓷器试验所。这儿离濑户市很近，拥有着丰厚的人文底蕴，用于美术鉴赏以

及输出的陶瓷制品开发曾十分兴盛。有许多艺术价值极高的制品，并且长时间地保存了下来，我们目前只有拍摄下来的照片图鉴，而实物被珍藏在了当地的美术馆内。

我对最近的产综研在制陶工艺上投入的实例做过少许的介绍。首先，是“会呼吸的”建筑材料。这项开发的灵感来自江户时期的出土文物，它可以很好地调节自身的湿度。为了确保文物的强度，陶器在高温情况下烧结而成，不断凝固，材质细密。另一方面，越是细密，材质的吸水性能就会越差。产综研在多番试验之后发现，将火山灰风化后得到的天然素材放在800摄氏度高温环境之中，再作为陶器放在低温中烧结，这样不仅可以获得高强度的材质，而且调节湿度的能力将达到纳米孔（纳米数量级的细小孔隙）的级别。

还要说一下关于不需要稀有金属的高性能磁石的例子。“钐-铁-氮族磁石”的粉末虽然可以不用作为稀有金属的镝材料，但是难点却在于，这种粉末即使提高燃烧的温度也无法凝结，而且达到500摄氏度之后作为磁石的特性就会消失。然而我们发现400摄氏度的低温下伴随低脉冲状态的压力加热，则容易烧结凝固。

2．因为还有无限的可能性，所以进化还在持续展开中

像这样对于制陶技术的钻研开发，对产综研而言，本身就

是一项特有的制陶开发技术。正如刚才所说，虽说一般情况下制陶技术不能缺少高温的环境，但是，这项技术却因为只需要常温便可以操作，所以打破了我们的传统观念。为了得到我们希望的制陶的厚膜，产综研利用了被叫作 AD 法（喷雾定位法）的手段。这是在 1994 年开发的项目，听当时的责任人说，关于这项开发的经过其实十分有趣，因为这项技术是在非常偶然的情况下成功的。

他首先通过溶解覆膜粒子将溶液喷射在基板上。然而这么一来粒子将彻底融化。于是他试图降低放热原的能量以加工成膜，但结果以失败告终。研究人员毕竟也是人，他因为迟迟不能在实验中获得成功，所以后面再持续进展的话，也是病恹恹地提不起精神。

就在这时，注意力散漫的他居然发现自己忘记将维持高温状态的电离气体的开关和加热电板的开关打开。这样的“失误”让他反而得到了从没看到过的黑色沉淀物体沉积在基板上的情况。这也是世界首次在常温情况下制成与烧结体同等性能的制陶厚膜。然而这个阶段他仍然在考虑这个凝结的块状物到底是不是有机物的污垢。

他随后对企业的技术人员说起了这件事，终于一下子被人意识到这或许将成为制陶工艺闻所未闻的附着方法。如果运用这样的方法，基本的种类虽然有限，但是无论怎样的形状都可以制成拥有陶瓷器性能的厚膜。

我第一次和这位研究人员会面的时候，就被他介绍到“这是一个不需要烧结就能形成的制陶工艺”。这对于多少钻研过制陶工艺的我来说，多少觉得有点不可思议。在将近半世纪左右的时间里，制陶工艺的世界着实发生了翻天覆地的变化。产综研也一直从事关于氮族物质（含有氮元素的化合物）和碳化物（含有碳元素的化合物）的制陶工艺研究，通过粒子和粒子之间的结合创造无限的可能性。所以每当我遇到研究制陶工艺的年轻研究员的时候，我总会情不自禁地鼓励他们：“加油干！”

虽说我非常酷爱制陶工艺，但是我前一份工作却并没有太多机会接触这块领域。当我在产综研参观了利用粉末冶金的手法开发先进材料的生产现场后，便感觉有说不出来的亲切感。虽说之后我也在关注“史奈克极限”到底发展得如何了，但相比之下，我更期待产业界中制陶技术的开发。

第七章

痛苦的「当下」不会持久

一、痛苦的“当下”状况

世界上有“灾荒之年”的传言，这是我们的先人利用他们积累的大数据获得的生存智慧。我想无论是谁，到了青壮年时期，都会被各种不安的情绪左右。曾经身体健康的父母相继老去，子女的升学教育问题，以及自己在看不见未来的同时仍要努力工作等等。当眼前遭遇“多重不安”的时候，大多数人容易陷入焦虑的困境。我想这本书的读者中，有许多人必然正在为家庭事业心力交瘁着。我希望大家都能坚信，痛苦的“当下”不会持久。

我的岳父，在我因上一份工作前去美国的第二年，突然在疗养期间身体情况出现恶化。当时我忙到无法分身（也许是我的错觉?），我的妻子也需要一边做家务，一边驱车接送两个小孩上下学。因为我们住在美国亚拉巴马州的乡下，所以公共交通并不发达，用车接送小孩几乎是半强制性的。对于岳父岳母来说，他们因为只有我妻子这么一个孩子，周边也没有亲戚，所以急切地希望他们的女儿可以立刻回国照看他们。

但即便如此，留在美国的小孩如何上下学？每天谁来做饭？在日本照看岳父岳母的日子要维持多久？……数不尽的担心事，实在让我体力不支。苦思冥想了良久，我们想出了唯一的折中办法，就是让我的侄女来美国。于是刻不容缓地打通侄女的电话，说明了情况，没想到侄女觉得海外的生活听起来也不差，就非常爽快地答应了。这简直好比雪中送炭。于是我们让侄女赶紧收拾好行李，立刻飞来美国。她也在到达后顺利考下了驾照，开始了小孩的接送。妻子因为有了交接的人，于是立刻回国了。

在此后的一个月，岳父去世了。我也因此回国办完丧事又立马回美国。几个月后，侄女也回去了。为了周全我们一家，侄女辞去了自己原有的工作，实在是给她增添了许多负担。她在此之后结了婚，因为丈夫工作的关系奔赴海外，开始了新婚生活。她安慰我说："那段日子虽然短暂，但却对她意义重大。"我也如释重负。那年，我 43 岁。

在此后又过了 1/4 个世纪的时间。我结束了上一份工作，两个女儿也度过了人生最重要的时期，纷纷开始了独立的生活。在此前数年，我们告别了自己最后的长辈——妻子的母亲。在她临终前，我们只要一听到有电话铃声响起，立马就会对电话那头问是不是身体不舒服了。那个时候我们担心这种"痛苦的当下"要持续多久。但最终这样的"当下"仍然成了过去式。

二、正是痛苦铸就了当下，这也是谁都要面对的

我想无论是谁，到了青壮年时期，都会被各种不安的情绪左右。曾经身体健康的父母相继老去，子女的升学教育问题，以及自己在看不见未来的同时仍要努力工作等等。当眼前遭遇“多重不安”的时候，大多数人容易陷入焦虑的困境。也不知是不是为了救赎人类这样的境遇，我们的先人创造了“灾荒之年”这一说。男女“灾荒之年”的定说各有确定的年龄，通过这种约定俗成的叫法提醒人们注意止损。我的“灾荒之年”便和家里三代人的压力，以及自身的年龄相重叠。“灾荒之年”的传言，便是我们的先人利用他们积累的大数据获得的生存智慧。

在现实中，每当我遇到在多重不安中苦苦挣扎的人，我总想着或多或少去安慰他们。于是，我曾经在产综研面向职员的博客里写着：“冲破黎明前的黑暗！加油！”可是，有个人在收到这样的信息后，却对我表示质疑，说我根本不了解那些一边照顾老小，一边忙于事业的人的困苦。但不管怎么说，困苦的“当下不会持久”是我最直白的人生经验。

我在这之前，曾在要求写一些什么在卡纸上的时候，经常

写着“快乐，痛苦，痛苦，快乐”的字眼。换成更口头的表达，就是“苦中有乐，乐中有苦”。现实中，人世并非简单的或苦或乐，而是“虽”苦“但”乐，或者“因为”苦“所以”乐等等。另一方面，先人们总说人生苦短。的确，不管是在企业里上班，还是做科研工作，总有很多时候是很痛苦的。但是，想到未来的成果，我们也经常感到“快乐”。

我忘记是谁曾经在卡纸上写着“攀爬的过程虽苦犹乐”的话。之后，也经常看到有人写“攀爬的过程因苦得乐”。虽然我不记得一开始是因果关系，还是转折关系，但两者都耐人寻味。只有度过困境才能拥有当下，这是谁都需要独自面对的。虽然直面过许多困苦，但是大家都在“心静如水”般生活着。不管是电车里身边的乘客，还是下了电车走在马路上的行人，是在餐馆就餐的顾客，还是听相声的观众，每个人都有每个人心中的痛苦。只是大家都知道“当下”的痛苦不会持续太久。

三、从“为自己”到“为公司”再到“为社会”

回顾一下我的人生经历，不得不说，我年轻的时候相当以自我为中心。虽说“为自己”盘算各种得失，但说到底也没有为自己真正谋到多少利益。然而，当我进入公司开始为经营做策划的时候，渐渐收敛锋芒，从“为自己”变成优先“为公司”考虑。如此，我变成了典型的职场人。但当我成了经营者之后，渐渐有了“为社会”的“想法”。

伴随着这些意识的变化，我对科学技术的考量也有了很大的转变。我们所从事的科学技术，起先是“为自己”，其次是“为公司”，再次是“为社会”，最终将考察的范围定格在追寻科学与人类和自然的关系上。

我如果从之前那份工作退休了的话，可能顺势会觉得只要“为社会”考虑即可，但是当我受命担任产综研理事长之后，我深深地意识到“社会”责任之重大。正如产综研的名称，是将产业技术研究导向“回馈社会”的方向。我作为这个研究机构的责任人之一，时刻感觉自己和社会是直接联系起来的。

我上一份工作也和社会经常打交道，当时我时常觉得自己的公司就等同于社会，但是实际上社会并非如此。所以让我感到幸运的是，产综研给了一个更加接近社会的位置。

虽说我对于自己一路走来的经历并没有什么懊悔的地方。但如果说真有什么过意不去的地方，那便是年轻时就应该用“为社会”的考量来面对科学研究。然后再按照“为公司”最后“为自己”的方式从事“技术者”这个职业，那将是特别理想化的道路。

在我的读者当中，有许多人正经历着人生多重困扰。我想重申一遍，让人困苦的40几岁、50几岁的时代，并不会维持多久，而且所经历的坎坷没有一件是无意义的。冲破黎明前的黑暗，加油，与君共勉。

图13　产综研筑波中心行道旁的银杏树

写在最后

值此写书之际，我重拾了很久前考虑过的“制造业”的问题。优良的制造是生产商最初的开发意图，并一直维持到产品最终研发成功，走向消费者这一步。虽然我深刻了解到自己的文笔不够流畅，各章节本身是自成体系的独立章节，所以很难让读者看出这本书的“开发意图”，不过当我重新打开这本书的时候，我突然意识到编辑部的工作人员将整个内容重新进行了分组处理，并按章节进行归纳，让我不知不觉意识到自己为何写这些文字，实在是为之震惊，让我不得不对编辑部专业的眼光和技能赞叹不已。

作为开发者，我为了慎重起见，重新翻阅了全书。我在年轻时经常对前辈们的指导嗤之以鼻，按照自己的想法乱弄一气，结果很快就会以碰壁收场。也只有真正地吃过苦头，才会想到前人的话是十分可贵的。我将当时的心情悉数写进了这本书里。不仅有我个人的亲身经历，而且我也将别人的经历仿佛是发生在自己身上一般，在书中又讲述了一遍。

到目前，我已经在研究和技术的生涯中度过了人生的大半，后半段人生我希望多多利用企业的经验，从事现在的国立研究开发法人的经营工作。在出版前，我又重新阅读了全书，我想这应该收纳了现在所有我能想到的东西。读者朋友在阅读中可能经常感到思虑不周全，或者无法赞同的观点，也请大家原谅我这些粗枝大叶、学艺不精的地方。

这次单行本是我人生第一次，也可能是最后一次出版。惭愧的是，阐述一些自己的私心，因为在70岁前能出版这本书，完全是意外之喜，所以这也是我接下来踏入古稀之年非常好的纪念。我不仅为此感到喜悦，同时，也希望值此对我由衷尊敬着的大学恩师，把我从生死边缘努力救回的急救医师、主治医生、护士，仙台事务所一同从事开发的小N，亲自跑到亚拉巴马州帮了我许多的侄女，以及在本书出现的所有人，我都表示深深的谢意。

在本书即将出版之前，我受到了来自理事长秘书室，索尼时期的同僚，并且现在就职于产综研的原直史君，日经BP社清洁技术研究所大久保聪、菊池珠夫的格外帮助和鼓励。在此一一列出，以表谢意。

如今，我希望将自己出版的这第一本书，献给一路陪我走过来的家人们。

中钵良知